中公新書 2109

黒木登志夫著
知的文章とプレゼンテーション
日本語の場合、英語の場合
中央公論新社刊

はじめに

> 思えば，日本人は日本語を実に粗末に扱ってきた．
> ——水村美苗[1]

　私はがん研究者である．日本語や英語の専門家でもなければ，学生を直接教えているわけでもない．このような本を書く資格などないのではないか，と人は思うかもしれない．

　しかしあえて言えば，われわれがん研究者が生きている世界もまた，言葉の世界なのだ．がん細胞や遺伝子を相手にしながらも，観察結果を記述し，英語で世界に発信するためには，言葉以外に手段はない．自分の観察と考えを分かりやすく，論理的に人に伝える技術が，研究を進めていく上で，顕微鏡と同じくらいの重みをもっている．

　私自身，小学校から医学部卒業までの18年間，どのような日本語教育を受けてきたのか，まったく覚えていない．小学校のとき，遠足について作文（綴り方）を書いた記憶がかすかにあるが，文章をどのように書くかについては何も教わらなかったのではなかろうか．

　私だけではない．わが国では，ほとんど日本文の書き方についての教育を受けないまま，義務教育が終わってしまう．小学校の6年間に，子供たちは，1006字にも及ぶ漢字

の読み書きを学ばなければならない．2日ごとに新しい漢字を1字ずつ覚えるという「漢字シフト」の国語教育がしかれているのだ．文章を書くのは，字を覚えてからでもよいと思ったとしても不思議でない．

　水村美苗(みずむらみなえ)が言うように，われわれは「日本語を実に粗末に扱ってきた」のだ．彼女は続ける[1]．

　　日本に日本語があるのは，今まで日本に水があるのがあたりまえであったように，あたりまえのことだとしか思ってこなかった．……そんな日本に住む私たちは，水を大切にしなくてはなどと思う必要もなく生きてきた．それと同様，日本語も大切にしなくてはなどと思う必要もなく生きてきた．

　ケータイの時代になって，人々は，これまでにないくらい，文章を書くようになった．いつでも，どこからでも，メールを送り，人とのつながりを確認している．しかし，ケータイメールは，話し言葉と同じである．表現としての言葉だけを言っているのではない．その精神において会話なのだ．つまり，距離が近すぎるのだ．相手と直接つながっていると思うと，たとえ地理的な距離は離れていても，気持ちの上の距離は短い．発する文章は，相手の反応を常に意識しているという意味において，会話なのである．

　私がこの本で取り上げようとしているのは，ケータイメールとは，まるで違う世界の言葉である．会話のように，

相手と感情の交流があるわけではない．そもそも，誰が相手か分からないまま，書いている文章なのだ．われわれは，ときには遺伝子の世界に入り，ときには抽象化された数式を操り，高度な知的情報を得る．すべての知的情報は言葉に還元され，脳に入り，知恵となる．そして，言葉として外に発せられる．自然科学の世界も，人文・社会科学と同じように，言葉がなければ成立し得ない．

　知的な文章は，ある意味では，実用文の中に入るかもしれない．文学のように，人を感動させる必要はない．名文も，心理描写も必要ない．自分の考えを間違いなく相手に伝えるという意味で，実用的な文章である．しかし，それは，町内会の通知のような実用文とは，当然違っている．高度な内容を，間違いなく相手に伝えるのは，決して容易ではない．

　実際，大学生の日本語表現力は著しく落ちているという．工学部の学生たちを対象に，日本語力を向上させるための講義を行っている大学がある．担当した教授は，「多くの学生が，自分の考えを伝える文章技法を身に着けていない．読書離れが深刻で，書く力を下支えする読解力も弱い」と話す．学生も「言いたいことがあるのに，文章で表現できないことが多いので，悔やしくてしょうがない」と告白した．暗記による知識と選択肢による問題で育った学生たちには，自分の考えを文章にまとめるという，もっとも基本的な訓練ができていないのであろう．水村美苗が言うように，われわれは，日本語を粗末に扱ってきたのだ．

きちんとした日本語を書けないのは，学生だけではない．木下是雄の『理科系の作文技術』には，共通一次入学試験（センター入試の前身）の試行問題が，分かりにくい日本語の例として載っている．

次の金属のうち，その4.0gを希塩酸の中に入れたとき，金属が反応して完全に溶け，その際発生する気体の体積が，0℃，1atmで1600cm³になるものを選べ．

寺田寅彦（1878-1935）の弟子にあたる坪井忠二（地球物理学者，1902-1982）は，日本語の問題点を指摘しながら，次のように書き改めた．

ある金属の4.0gを希塩酸の中に入れたら反応して完全に溶けた．そしてその際発生した気体の体積は，0℃，1atmのとき1.6ℓであった．この金属は何か．次に与えてある7つのうちから1つ選べ．

先生がこのような日本語を平気で書き，全国の学生に入試問題として出そうとするのだから，学生の日本語力が不足しているなどと，誰にも言えないことになる．

センター入試の名誉のためにつけ加えると，調べた範囲で，最近の問題文はすべて分かりやすかった．しかし，大学内部の試験では，このレベルの日本語が使われているかもしれない．学生は，どんな日本語でも読みこなせないと，卒業できないことになる．

はじめに

　21世紀となった今，われわれは，日本語だけでは生き残れなくなった．母語に加えて，「普遍語」である英語ができなければ，世界から置いてきぼりにされてしまう．この本のテーマである，知的な文章を書き，プレゼンテーションをするためには，英語にも習熟しなければならない．

　困ったことに，英語は，日本語とはまるで違う言語である．文の構造と文字だけではない．話すときの舌の筋肉，のどの筋肉の動かし方が微妙に違うのだ．大人になってしまったら，それを英語用に鍛え直すことはほとんど不可能である．日本人が英語を上手に話せないのは，日本語のためである．われわれが正しい日本語を話しているためなのだ．

　しかし，そういって開き直っているわけにもいかない．英語の世紀を生きるためには，少なくとも，知的作業に関わる人は，英語の資料を読み，英語で討論し，英文を書いて，自ら情報を発信できるようにならなければならない．それができなければ，世界の知的最前線から遅れてしまうのだ．

　英語がよく話せないとき，われわれは，自分に才能がなく，努力も足りないと思いがちである．しかし，問題は，英語を母語とするネイティブたちにもある．「無邪気で鈍感」な彼らは，国際語となった英語を，自分たちの国語としか思っていない．英語が分からないほうが悪いと言わんばかりの態度をとりつづけている．この本では，グローバル化した時代の英語のあり方についても考えてみたい．

どんな言葉であっても，母語以上に外国語ができる人などいない．その意味で，英語で内容のある話をするには，日本語がしっかりとしていなければならない．英語が分かるようになると，今度は，少し離れて客観的に，日本語を見ることができるようになる．日本語と英語は，お互いに刺激し合い，言葉の力を育ててくれる．本書では，英語に一番長い章をあてた．

本書で取り上げる文章は，社会の中では少数派である．読む人も少ないし，そもそも，関係のない人にとっては，面白くもない文章である．しかし，社会における重要性を問われれば，目立たないところで，高度な現代社会を支えている文章である．社会の仕組み，自然の営みを理解し，人々の生活と社会を発展させるための文章である．そのような文章を，日本語で，あるいは英語で，どのように書けばよいのか．本書が，知的な仕事に関わっている人，これから関わろうとしている人たちの参考になれば幸いである．

目　次

はじめに

第1章　理系，文系の区別はない ……………… 1

　1．理系の人，文系の人　1
　2．理系は報われているか　6
　3．寅さんの教え　8
　4．3行にまとめた大事なこと4点　12

第2章　日本語は非論理的か ……………… 13

　1．日本語非論理的論　13
　2．日本語の三大症状　(1)主語欠乏症　16
　3．日本語の三大症状　(2)文法不定愁訴　25
　4．日本語の三大症状　(3)あいまい症候群　33
　5．レゲットの忠告　37
　6．3行にまとめた大事なこと7点　39

第3章　知的三原則《簡潔・明解・論理的》… 41

　1．文章を書くということ　41
　2．簡潔，明解な文章を書く　46
　3．論理的な文章を書く　51
　4．3行にまとめた大事なこと8点　62

第4章 説得力のあるドキュメントを書く----64

1. なぜドキュメントを書くのか 65
2. ドキュメント作成で注意すべきこと 71
3. 論文を書く 75
4. 申請書を書く 84
5. 説明書を書く 87
6. 一般向け解説書を書く 89
7. エッセイを書く 93
8. 官僚が書く 94
9. 仕上げは念入りに 96
10. 3行にまとめた大事なこと8点 99

第5章 審査する.評価する.推薦する----------101

1. ピア・レビュー,利益相反,利害関係 101
2. 審査する人,評価する人 105
3. 論文を審査する 108
4. 申請を審査する 110
5. 評価する 113
6. 推薦する 116
7. 審査結果にどのように対応するか 117
8. 3行にまとめた大事なこと8点 118

第6章　人を惹きつけるプレゼンテーション---120

1．大事なプレゼンテーション　120
2．さまざまなプレゼンテーション　122
3．プレゼンテーションの準備をする　129
4．プレゼンテーションする　133
5．質問する．答える　138
6．プレゼンテーションの三つの秘訣　141
7．パワーポイントを作る　144
8．3行にまとめた大事なこと7点　152

第7章　英語の世紀を生きる-------154

1．英語の世紀　154
2．世界の共通語，Globish　162
3．英語の世紀の日本語　167
4．英語を学ぶ　170
5．英語を話す　179
6．英語を書く　194
7．英語でメールを書く　202
8．3行にまとめた大事なこと6点　205

第8章　コンピュータを使いこなす-------------207

1. コンピュータを使う　207
2. コンピュータで情報を得る　212
3. コンピュータ整理学　217
4. コンピュータ文章術　223
5. 3行にまとめた大事なこと4点　227

引用文献，参考文献　229

おわりに　235

第1章 理系，文系の区別はない

> 人間はいとも簡単に他者を分類する生き物だ．しかもその分類は多くの場合，大した意味を持っていない．
> ——小川洋子[5]

1．理系の人，文系の人

　ある女性が大学の前からタクシーに乗ったとき，「お客さんは研究者？」と聞かれた．そうだと答えると，「8人で中華料理を食べに行ったとき，エビが9匹あると，2匹食べてしまう．研究者はそういう人だと聞いているけれどどうですか」と言われたという[6]．

　理系の人は，自己中心的な変わり者と思われているらしい．もしかすると，理系は「特定の分野・物事にしか関心がなく，そのことには異常なほどくわしいが，社会的常識に欠ける人」という「オタク」（『広辞苑』）と同じと考えられているのではなかろうか．確かにそういう人もいるだろうが，私の周りにいる理系の人々は，常識的な普通の社会人である．

　理系の教育は，問題を与え，解答を求めることの繰り返しである．一度で解答が得られなくとも，決してあきらめ

ない．大体，実験が一度で成功することなどほとんどない．条件を変え，データが得られるまで実験を繰り返す．失敗に強く，失敗したとき分析ができるのも理系の特徴であろう．

　理系の人は，何か問題が生じたとき，あきらめずに，必ず解決法があると考える．たとえば，私である．外国のホテルで，洗濯した下着を干す場所が見つからなくとも，必ず，干す場所を発見する．そして，そのたび，単純な私は「俺は理系だ」と再確認する．

　理系に比べると，文系は常識的な人と思われているのではなかろうか．文学部を出ていれば，言葉の感覚に鋭く，法学部の卒業生は，世の中の仕組みを知っていると自負している．経済学部出身の人は，お金の流れを知っている．社会の都合も不都合もよく理解し，周囲とコミュニケーションを取るのも上手な人たち．理系のような単純なオタクとは違うと，世の中は文系の人を信頼しているのではなかろうか．

理系の誕生，文系の誕生

　理系，文系の発祥は，大正7年（1918）の（旧制）高等学校令，「高等学校高等科を分ちて文系及理系となす」までさかのぼることができる（Wikipedia）．それ以来，わが国の教育には，理系，文系の二つの系が，相容れざるかのごとく併存するようになった．すでに100年近く，日本人は，自ら希望して，あるいは無理矢理に，どちらかに分類されてきたのだ．

第1章　理系，文系の区別はない

　理系，文系は，どのようにして作られるのであろうか．小学校上級から中学にかけて，数学や理科が分かるか分からないか，好きか嫌いかが，一つのきっかけとなった人は多いであろう．分からないところがあると，だんだんついていけなくなる．すると，ますます分からなくなり，嫌いになる．因数分解など世の中の役に立たないのではないかと，自分を正当化する．いわば，消去法で文系が作られる場合が多いのではなかろうか．

　他方，積極的な理由で，理系，文系を選ぶ人も多いであろう．高校時代に化学に興味をもち理学部に進む人，太宰治（1909‐1948）に感激して文学部に入る人．そのような人たちは動機がはっきりしているだけに，勉強に熱心であるに違いない．

　どのような動機，いきさつであれ，彼ら／彼女らが，高校に行くと，理系コース，文系コースに分けられる．そして，当然のように大学の進路が決められる．大学に入ると，自分が間違っていると気がついても，今のシステムでは学部の変更は簡単にはできない．どうしても専攻を変えたいときは，大学を受験しなおすことになる．かくして，適性のある人もない人も決められたコースを進み，社会に出ることになる．

　世の中は，文系の人のほうが理系よりもはるかに多い．日本の大学の学部別入学者は，人文・社会科学系が56％，自然科学系が30％である．大学に進学しない人は圧倒的に文系が多いであろうことを考えると，日本人のおよそ80〜90％近くは，文系と考えてもよいのではなかろうか．

理系,文系の分類は日本だけ

　理系,文系で人を分類するのは,確かにもっともらしいし,それなりの理由がある.このような分類は,アメリカやイギリスでも一般的なのであろうか.友人たちに聞いてみた.イギリス人の友人は,グラマースクールの科目選択のときに,Science side か Art side かを問われたことがあるが,今では,そのような区別はなくなったという.アメリカに長年住んでいる友人たちは,アメリカには,理系,文系に相当する英語はないという.

　アメリカの大学は一般に,オールラウンド・プレイヤーを求める傾向が強く,リベラルアーツ志向,サイエンス志向にかかわらず,「進学共通テスト」では,よい点が求められる.多くの大学では,2年終了時に将来の方向を決めることになるので,学生はそのときまで広い範囲を勉強し,自分の適性を見定めようとする.

　わが国では,理系,文系を高校のときから分けてしまう.受験対策ということもあろうが,高校生をそんなに早く,二つに分け,偏った教育をしてよいのであろうか.しかも,理系,文系の分類は,理科が好きか嫌いかという「排除の論理」にしたがうことが多い.小川洋子が言うように,われわれは,あまりに簡単に他者を分類し,しかもその分類は多くの場合,大した意味をもっていないのだ.

　高校で仕分けされたら最後,理系,文系のレッテルが一生ついてまわる.就職した後も,職場の配置,仕事の内容など,まるで背中にバーコードが貼られているかのように,

分類され，それぞれのベルトコンベアーに乗せられてしまう．

血液型による性格診断と同じように，理系，文系は，日本独自の分類のようだ．われわれは，あまりに簡単に，人を分類することを反省したほうがよいのではなかろうか．この本には，理系，文系の仕事には，「知的」という点では違いがないというメッセージが込められている．

理系，文系は，デカルト的二元論
鷲田清一は，哲学者らしく，理系，文系の違いをさまざまな観点から，考察している．

文系／理系という区分は何を根拠に言われているのだろうか．たとえば取り扱う対象の違いだろうか．理系，つまり自然科学は人間のいとなみとは関係なく生生流転する〈自然〉の世界を対象にしているのに対し，文系の学問，つまり人文・社会科学は，……人間の精神活動によって媒介されてはじめて存立しうるそういう事象を扱うとされる．もしそのように人間の精神の介在の有無で二つの系が区別されるのだとすれば，それはデカルト的（Cartesian）と名づけられてきた精神と物体との二元論に基礎を置いていることになる．……文系／理系の区別は意外にも，かなり旧態の思考様式に則っていると言わざるをえない．

つづいて，鷲田は，二つの系の差異をさまざまな視点，

たとえば，方法の違い，問題発見か問題解決か，研究対象の違い，実学か虚学か，などから検証し，「文系／理系はこのように，それが取り扱う対象によっても，ディシプリンとしての方法や様式によっても，単純に区別できるものではない」としている．

2．理系は報われているか

社会一般の理系のイメージとして，純粋，熱中，単純，自己中心，コミュニケーション下手というネガティブなステレオタイプが強調されている．これでは，専門職にはよいが，社会の上に立つポジションには無理と考えられてしまうかもしれない．実際，わが国の社会を見てみると，文系優位がはっきりしている．自民党の「人材活用の多様化・流動化推進委員会」の報告によると，2001年現在の国会議員の81％が文系である[7]．民主党政権になり，鳩山内閣（2009年），菅内閣（2010年）と，理系の首相が続いたが，これはわが国の歴史で初めてのことである．

財界も，文系優位の世界である．理工系出身の上場企業社長は28％にすぎず，72％は，法律，経済など社会科学系の出身である．これに対してイギリス，ドイツ，フランスでは，財界トップの半分以上を理系出身者が占めている[7]．

文系優位が一番はっきりしているのは，官僚である．採用時には，理系出身者はキャリア官僚の半分以上（55％）を占めているが，昇進するにしたがい激減し，局長クラスでは13％，次官になるとわずか3％にすぎない（2001年[7]）．

文部科学省次官は，旧文部省系（多くは文系）と旧科学技術庁系（多くは理系）のたすき掛け人事となっているが，旧内務省系の厚生労働省では，医学系官僚は次官になれないシステムがいまだに続いている．

実は理系のほうが年収が多い

 文系のほうが理系より年収が多いというのが，これまでの定説であった．ある国立大学の文系学部と理系学部を卒業した人すべてに1998年現在の年収を訊ね，生涯所得を計算した．その結果，文系は4億3600万円，理系は3億8400万円．その差は5000万円であった．理系と文系では，マンション一つ分くらいの差が出てしまうことが分かった[7,9]．『理系白書[7]』で紹介されたこのデータは，一人歩きしている感がある．理系は生涯収入で家一つ分損だという情報は，理系に進みたいと思っている人を躊躇させ，ひいては理科離れを起こす遠因になった．

 2008年，西村和雄（京都大学特任教授）らのグループは，1600人余の理系，文系出身者にメールで年収を回答してもらった．その結果，図1-1に示すように，すべての年齢層において，理系のほうが収入の多いことが分かった[10,11]．平均で見ると，理系出身者（41.05歳）の681万円に対し，文系出身者（41.11歳）は583万円と，100万円の差があった．同じ傾向は慶応義塾大学の「日本家計パネル調査」でも確認された[12]．女性は男性よりも25-35％も給与が低いことも分かった．さらに興味深いことに，同じ文系でも，入試のとき数学を選択した人のほうが，年収が多かった．

年収 万円

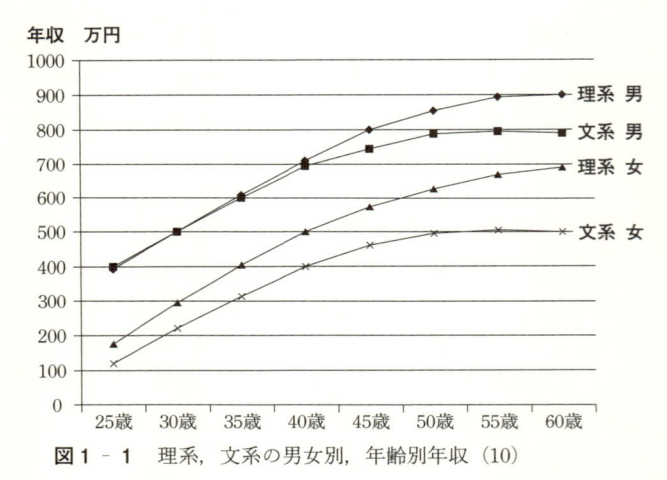

図1-1 理系,文系の男女別,年齢別年収(10)

なぜ,理系のほうが収入が多いのであろうか.一つの理由として考えられるのは,理系のほうが職業の選択肢が広いことがある.その上,転職にも有利である.理から文への転職はあり得るが,その逆はないであろう.

10年前の調査で,文系の収入が多かったのは,なぜであろうか.その差は,理系,文系の差というよりは,文系の金融業と理系の製造業という業種間の差であったと西村和雄は分析している[10,11].金融関係の給与が他の業種並みになったことが,今回の結果となったのであろう.

3. 寅さんの教え

寅さん映画は,名台詞(せりふ)の宝庫である.『男はつらいよ—寅次郎サラダ記念日』(第40作,1988年)には,受験に悩む

第1章 理系,文系の区別はない

満男が,何のために大学に入るか,何のために勉強するのかと,寅さんに聞く場面がある[13].早稲田大学に紛れ込んで講義を冷やかしてきた寅さんは,江戸川の堤防に寝そべりながら満男に答える.

つまり,あれだよ,ほら,人間,長い間生きてりゃあ,いろいろなことにぶつかるだろう.な,そんな時,オレみたいに勉強していないヤツは,振ったサイコロの目で決めるとか,その時の気分で決めるよりしょうがない.ところが勉強したヤツは,自分の頭できちんと筋道立てて,はて,こういう時はどうしたらいいかな,と考えることができるんだ.

勉強をおろそかにしている人も,漠然と勉強している人も,寅さんに言われると,勉強することの意味が,分かるのではないだろうか.われわれが勉強するのは,物事を筋道立てて考えることができるようになるためなのだ.

理系,文系というある意味では作られた分類を超えて大事なもの.それは,筋道だった考え方,すなわち論理的思考である.本書には,その意味で,理系,文系の区別はないというメッセージを込めている.

医師と弁護士

最難関の医学部を卒業した医師,もっとも厳しい司法試験に合格した法曹関係者は,当然,論理性に優れた人たちと,われわれは思っている.ところが,必ずしもそうでは

ないようである．医師と弁護士の資格をもつ水澤亜紀子(みずさわあきこ)は，次のように書いている．[14,15]

　医師業をしばらく行った後弁護士になり，……，まず強く感じたのは，医師には論理的思考が不足しているのではないかということである．……最近扱った民事裁判で提出された鑑定書は，相当の地位にある中堅以上の医師が作成したものであるが，縷々(るる)様々な事情を述べながら，相互の事情をつなぐ論理的展開はなく，相互に矛盾もあり，その論理は破綻(はたん)していた．おそらく診療の実務では相当の実力をお持ちなのだろうとは思うが，……ここまで粗雑な方法でしかその思考過程を説明できないのか，悲しくなった．

彼女は同時に法曹人の論理的思考の限界についても言及している．

　法曹の欠点は，論理や合理性を重んずるあまり，各判断要素の重みについて，適切な配慮が働かないこと（机上の判断になりがちであること），自然科学の考え方，特に分からないことがあり論理で判断しきれないことがあることを根本的に理解していないことである．（なお，念のため言えば，法曹でも論理性に乏しい者は存在する）．……今一番恐ろしいのは，法曹にどっぷりと浸かって法曹の欠点自体も見えなくなってしまうことである．

医学を学んだ一人として弁護すれば，医師は，6年間の医学部教育によって，患者と向かいあえば，膨大な知識を総動員して，たちどころに答えを出せるよう，頭をコンピュータ化している．分からないことがあれば，知的好奇心により，その理由を求めて，分析し研究する．その思考過程は，論理的でなければならず，その意味において，医師は，弁護士と同じように，職業としての論理的思考法を獲得しているはずである．

　職業として訓練された論理的思考にはもろいところがある．医療，法曹のような，他からの批判を受けにくい閉鎖的社会では，論理性，倫理観とも狭くなり，ときに独りよがりになりがちである．職業の場を離れたときには，それまで培ってきた論理的思考が通用しなくなることがある．高度な職業人は戒めとすべきであろう．

これからの理系，文系

　われわれ日本人は，まるで，人間に2種類があるように，理系，文系の区別を当然のことのように受け入れている．しかも，高校生のときからどちらかに組み入れられてしまうのだ．これは，日本に独特な慣わしである．あるいは，社会制度といってもよいのかもしれない．

　これからは，理系，文系という単純な発想を超えねばならない．文系の人には，理系の最新知識，たとえば，ゲノム，ナノテクノロジーなどの基礎知識を学び，理解してほしい．確率的に物事を考えることも学ぶ．理系の人は，複数の視点で，社会的，歴史的に物事を見ることを学ぶ．自

然科学の倫理は，人文学，社会科学の理解の上に築かれるのだ．それには，大学の教養 Liberal arts が大切なのだが，残念なことに，国際基督教(キリスト)大学のような例外を除いて，教養教育に力を入れているところはない．

4．3行にまとめた大事なこと4点

理系，文系というとき，人は一つのステレオタイプを思い浮かべ，面白がる．血液型による性格分類よりは理由があるにしても，そんなに簡単に分類できるものであろうか．

① **作られた分類**
   われわれは，理系，文系のレッテルにより，偏った教育を受けている．アメリカには，理系，文系を意味する言葉もなく，科目の選択も本人の興味にしたがう．

② **筋道を立てて考える**
   理系，文系に共通して大事なことは，筋道を立てて考え，論理を展開することである．その意味で，理系，文系には，本質的な違いはない．

③ **理系の人は，社会と人々について，立体的に理解する**
   理系の人は，社会と人々のあり方について，複眼的に，立体的な視点で見ることを学ぶ．自然科学に求められる倫理観の基礎には，社会科学と人文科学がある．

④ **文系の人は，理系の基礎知識と確率的考えを学ぶ**
   文系の人は，発展する自然科学とその技術について，基礎的な知識を学び，理解する．定量的，確率的に，物事を考えることを学ぶ．

第2章　日本語は非論理的か

> 「鮮明でない言葉はフランス語ではない」という言葉があるが，日本語の場合，「はっきりした表現は日本語ではない」といえるのではないか．
> ——ドナルド・キーン[16]

1. 日本語非論理的論

　日本語を用いて知的な作業をしようとするとき，最初に問題になるのは，日本語の論理性である．もし，日本語が非論理的だとすると，われわれは，日本語で論文を書いたり，発表したりするなど，とてもできないことになる．本論に入る前に，この問題を解決しておかねばならない．

　日本語は論理的でないという「論理」は，明治以来，繰り返し主張されてきた．たとえば，日本語読本の古典ともいうべき谷崎 潤一郎（1886-1965）の『文章読本』には，次のように記されている[17]．

> ただここに困難を感ずるのは，西洋から輸入された，科学，哲学，法律等の，学問に関する記述であります．これはその事柄の性質上，緻密で，正確で，隅から隅まではっきりと書くようにしなければならない．然るに日本

語の文章では,どうしても巧(うま)く行き届きかねる憾(うら)みがあります.従来私はしばしば独逸(ドイツ)の哲学書を日本語の訳で読んだことがありますが,多くの場合,問題が少し込み入ってくると,分らなくなるのが常でありました.そうしてその分らなさが,哲理そのものの深奥さよりも,日本語の構造の不備に原因していることが明らかでありますので,中途で本を投げ捨ててしまったことも,一再ではありません.

三島由紀夫(みしまゆきお)(1925-1970)は,彼の『文章読本』の中で,評論の文章の論理性について書いている[18].

日本の評論家は日本語の非論理的性質と,また対象の貧しさとによって,深い知的孤独を味わわなければなりませんでした.外国の文物によって近代批評の根本精神を学び,批評の表現に高い基準を見出しながらも,それを表現する日本語と,批評の対象とすべき近代日本の浅薄さとのために,評論家は,いわゆる文体を作ることがなかなかできませんでした.

論理的で明解な評論を書いた清水幾太郎(しみずいくたろう)(1907-1988)でさえも,イギリス人社会学者のラジオ講演を聴いて,

……私は陰気な敗北感に囚(とら)われてしまう.……こういう知識の伝達に関する限り,日本人はイギリス人に完全に負けるであろう.

とまで述べている.[19]

植民地型知識人 vs. 進歩的知識人

このような「日本語は非論理的」という論調に対して,本多勝一は,いかにも「進歩的知識人」らしく,真っ向から反対している[20](カッコ内引用者,以下同様).

「日本語は論理的でない」という俗説もこれに近い(日本語が特殊であるという俗説と同じように)妄言であろう.この種の俗説を強化するのに役立っている西欧一辺倒知識人——私は植民地型知識人と呼ぶことにしている——の説を分析してみると,ほとんどの場合,ヨーロッパという一地域にすぎない地方の言葉やものの考え方によって日本語をいじっている. ……あらゆる言語は論理的なのであって,「非論理的言語」というようなものは存在しない. 言語というものは,いかなる民族のものであろうと,人類の言葉であるかぎり,論理的でなければ基本的に成立できないのだ.

後段の「非論理的言語」は存在しないという主張は,「非論理的」である. 逆に,「完全に論理的な言語」は存在しないというのであれば,納得がいく. もし,完全に論理的な言語を求めるのであれば,それは数学であろう. ガリレオ・ガリレイは言っている. L'universo è scritto in lingua matematica(宇宙は数学の言葉で書かれている).

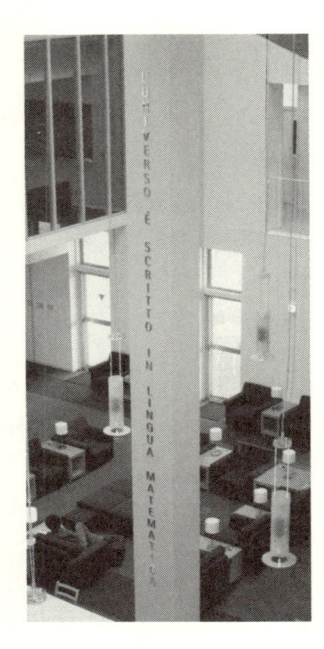

図2-1 東京大学数物連携宇宙研究機構（IPMU）の交流広場にある，ガリレオの言葉のオベリスク（写真提供：IPMU）

2．日本語の三大症状 ⑴主語欠乏症

　これまで，論理的な文章を書きつづけてきたと自負している一人として，私は日本語が非論理的であるという意見には，簡単に賛成できない．しかし，英語，ドイツ語（医学用語が主だが），フランス語（生活用語とレストラン用語が主だが）を学んだ経験からいうと，日本語はかなり特殊な言語であり，論理的記述を困難にするいくつかの要因があるのは確かである．

医師としての私の診立てによると、日本語は次の三つの症状あるいは病気にかかっている。

(1)主語欠乏症
(2)文法不定愁訴
(3)あいまい症候群

この三大症状を把握し、対症療法を施せば、日本語で論理的に表現し、知的な作業を行うことができるはずである。

「先づ欧州の文法に則りて」

日本語が論理的でないという議論の主役は「主語」である。明治のはじめ、すべての制度、文化が見直されたとき、日本語も「反省」の対象となった。

大槻文彦 (1847-1928) は、「先づ欧州の文法に則りて我文典を画定し、よりて以て根拠となす」という方針のもとに、日本語を文法的に見直した[21]。日本語には、欧米語の骨格であるS (subject, 主語) － V (verb, 動詞) － O (object, 目的語) という基本構造が成立せず、主語が存在しなくてもよいことに改めて気がついた。このことが、日本語が論理的でない大きな理由として、繰り返し議論され、根強い劣等感として残った。まさに、本多勝一の言うとおりである。

主語の論理、述語の論理

主語中心主義の文法理論からの脱却をはかったのは、三上 章 (1903-1971) であった。彼は、欧米語は主語が必要な「主述二本立て」であるのに対し、日本語は「述語の一

本立て」という斬新な考えを提唱した．高校の数学教師であった三上の理論は，生前，国語学会から認められることはなかったが，現在では日本語学の基本として受け入れられている．

日本語学者だけでなく，哲学者にとっても，主語は重要な問題である[22]．欧米語においては，主語を軸として思考が進められるゆえに，存在についての思考，すなわち「存在論」が哲学上のもっとも基本的な問題である．西田幾多郎（1870-1945）は，西欧の「主語の論理」に対する日本語の「述語の論理」を主張した．

カント哲学者の坂部恵（1936-2009）は，言語学者，時枝誠記（1900-1967）の「入れ子構造」論を援用して，主語の役割を説明している．たとえば「匂の高い花が咲いた」という文では，文頭から順に最後の「咲いた」の中に言葉が包み込まれる「風呂敷」型の構造（あるいは，時枝誠記のいう「入れ子構造」）であると解析した[22]（図2-2）．すなわち，日本語においては，文を統一し完結させる形式としては，述語の部分があればよいことになる．日本語の主語は，欧米語のように述語と対立するものではなく，述語のなかに隠されているというのだ．三上章のいう「述語の一本立て」と同じ考えである．

ケベックで長年にわたり日本語を教えている金谷武洋は，英語，フランス語に囲まれた環境のなかで，日本語を分析し，同じ結論に達している[21]．

金谷の例文は，哲学者のそれよりも分かりやすい．

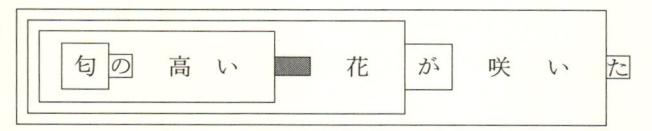

図2-2 坂部恵の「述語による風呂敷包み」の考え方（22）

太郎が家でピザを作っている．
Taro is making pizza at home.

この例文を分解すると，次のようになる．

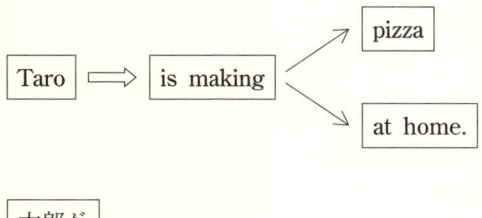

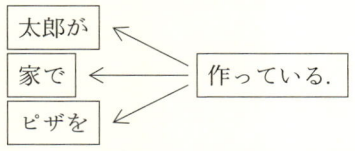

英語，フランス語では，S－Vの関係がきっちりと決まっている．すなわち，主語である Taro が，太い矢印で示したように，述語である is making を支配下に置き，pizza と at home は，文に不可欠ではない「補語」として主語・述語に従属している．

それに対し，日本語では，「作っている．」を基本として，「太郎が」「家で」「ピザを」がそれぞれ同格の補語として

並列にある.太郎が主語のように見えるが,実質的には補語であるために,主語が必要ないのだという*.

雨ニモマケズ,主語ニモマケズ

宮沢賢治(1896-1933)の『雨ニモマケズ』は,最後の2行に至るまで,主語が分からない.

　雨ニモマケズ
　風ニモマケズ
　雪ニモ夏ノ暑サニモマケヌ
　丈夫ナカラダヲモチ

これは誰のことなのだろうか.

宮沢賢治に魅せられたロジャー・パルバース(Roger Pulvers)は,『雨ニモマケズ』を英訳した[23].

　Strong in the rain
　Strong in the wind
　Strong against the summer heat and snow
　He is healthy and robust

4行目で初めて主語のHeが現れる.その後,繰り返し現れるHeは,誰のことか分からない.それが,最後の2

---

*金谷武洋による説明は,素人の私には分かりやすいが,文法学者の間には異論がある.

行,「ソウイウモノニ／ワタシハナリタイ」になって

That is the kind of person
I want to be

として,本当の主語,Iが示される.英訳でも,主語を最後まであいまいにして,原詩のもつ効果が生かされている.主語を省略できる日本語の美しさに,改めて気がつくであろう.

50歳の「Jack and Betty」

日本語の会話に,いちいち主語を入れると,おかしなことになる.清水義範の『永遠のジャック＆ベティ』は,中学の英語教科書の主人公二人が50歳のときに再会したという設定で,英語の教科書らしい会話で進められる.

「あなたは結婚していますか」
「かつて私は結婚していました.しかし,今は独身です」
「あなたは離婚しましたか」
「はい,私は離婚しました」……
(ジャックは)女性をくどこうとすると,こんな言いまわししか頭に浮かんでこない.
「私はあなたとセックスすることを欲しています」

イタリアからの振り込め詐欺メール

欧米語では、主語が述語を支配下に置くだけでなく、述語は主語に隷属している証拠として、自分のしっぽを振ってみせなくてはならない。すなわち、動詞の語尾変化である。英語はごく簡単なほうだが、ドイツ語、フランス語などでは、動詞の語尾が複雑に変化し、初心者を悩ませる。

イタリア語、スペイン語では、主語によって動詞の語尾が変化し、しかもその違いがはっきりと発音されるため、特別に強調する場合を除き、主語の人称代名詞を省略できる。省略しても、主語の存在を認識できるからである。

イタリア人の友人のコンピュータがハッカーに侵入され、「振り込め詐欺」まがいのメールが届いた事件があった。

Am in a hurry writing you this mail, I want to seek your help on something very essential, you are the only one I can reach at this point, and I expect you come to my aid because something extremely dreadful is happening to me now, I need a favor from you, I had a trip to United Kingdom.

最初のセンテンスは、I am……とすべきところをIを省略し、Am……から始まっている。文章からも英語を母語とするネイティブでないことが分かるが、主語を省略していることから、犯人はイタリア人(あるいはスペイン人)と推測できた。

人称代名詞のもつ違和感

 ドナルド・キーン (Donald L. Keene) は,日本語の難しさは表現にあるとして,I love you を例にとっている.[16]「私はあなたを愛します」という表現は日本文学に見あたらない.しかし,「この場合,いちばん日本的な表現は沈黙ではないかと思う」と言っている.確かに,沈黙ほどあいまいで,無限の可能性を秘めた表現はないであろう.

 任期途中で辞任した福田康夫総理は,最後の記者会見(2008年9月1日)で,記者の質問に対して「私は自分自身を客観的に見ることができるんです。あなたとは違うんです」と言った.この言葉は,文法的にどこも間違っていないし,そのまま英語に訳すことができる.しかし,われわれは,この言葉に違和感をおぼえた.なぜだろうか.それは,人称代名詞が潜在的にもつ相互排除性のためではなかろうか.「私」と「あなた」は,お互いに相容れない存在であることを,あえて人称代名詞を使うことで浮き上がらせ,さらに「違うんです」と追い打ちをかけたのだ.

 いちいち自己を主張せず,自己主張を聞かされず,相互に排除しあわないような人間関係は,正直のところ,居心地がよいものである.しかし,第7章で述べるように,国際化した社会になると,このような居心地も捨てなければならなくなるであろう.

主語欠乏症罹患率は34％

 日本語が主語欠乏症にかかっているのは確かにしても，その罹患率，すなわち，主語のない文章はどのくらいの割合なのであろうか．罹患率を知るため，この章の218の文，一つ一つについて，主語を同定した（引用文，および引用を含む文は除く）．主語がない場合は，省略されている主語を探し出した．実際に主語を同定しようとすると，どの言葉が主語か分からないことが少なくなかったが，そのようなときには，英語に訳した上で，主語，あるいは省略されている主語を見つけ出すようにした．

 その結果，主語をもっている文は66.0％，主語のない文が34.0％であることが分かった．これまで，日本語にはまるで主語がないようにいわれていたが，実は3分の2の文にはちゃんと主語があったのだ．

 それでは，主語のない文では，どのような主語が省略されているのであろうか．分析したところ，その70.3％は，「私」「われわれ」のような一人称であった．つまり，自己主張すべきところを遠慮していることが分かった．

 一人称の省略に次いで多かったのは，前の文を受けるべき主語である．20.3％を占めていた．その多くは，英語であれば関係代名詞でつながるべき文であるが，それができないために，二つに分かれたのである．あえて主語を入れるとすると，「それは」として，前文を受けるべきところだが，そこまで書かなくても分かるので省略できた主語である．

 主語欠乏症の罹患率を調べたデータは，意外に少ない．

発表されているのは、1955年の国立国語研究所からの報告書、『談話語の実態』くらいである[25]. それによると、会話文の74%で主語が省略されていた. 成山重子は、最近の実験結果として、日本語会話では、68.7%の主語が省略されているというデータを紹介している[26]. これに対して、英語の場合、主語省略は、15.4%であったという.

主語欠乏症の罹患率30%は、高血圧、メタボリック・シンドロームなどの生活習慣病とほぼ同じレベルである. しかし、生活習慣病と違って、深刻な健康問題に発展するというほどではない. 主語が略されていたとしても、その90%は、「われわれ」「それ」のように、容易に推測できる言葉である. 日本語は、「主語がない」言語なのではなく、「主語を省略できる」言語なのだ. 主語欠乏症は、「日本語は非論理的だ」などと大騒ぎをするほどの病ではない.

3. 日本語の三大症状 (2)文法不定愁訴

谷崎潤一郎は、『文章読本』の中で、文章上達法の最初に「文法に囚われないこと」をあげている[17].

日本語の文法と云うものは……その大部分が西洋の模倣でありまして、習っても実際には役に立たないものか、習わずとも自然に覚えられるものか、孰方かであります.

たとえば、時制についても、「誰も正確には使っていませんし、一々そんなことを気にしていては、用が足りませ

ん」と述べている．三島由紀夫は，「(時制を無視できるのは) 日本語の特権で，現在形のテンスを過去形の連続の間にいきなりはめる……」と書いている[18]．

二人の文豪にここまで言われては，文法も形なしである．更年期の不定愁訴と同じように，日本語の文法は，不安定な問題をいくつも抱えているのだ．

守らねばならない語順は二つだけ

語順は，文法的に決められている．英語など多くの欧米言語では，基本的に，Ｓ－Ｖ－Ｏの順序で言葉を並べなければならないのに対し，日本語は，Ｓ－Ｏ－Ｖを基本構造とする．

野内 良三(のうちりょうぞう)が指摘しているように，日本語では，次の二つの語順を守ればよい[27]．

①述語は語尾に置く
②名詞の修飾語は名詞の前に置く

日本語のような語順は，他の言語にもあるのだろうか．言語学者の角田太作(つのだたさく)は，世界の130言語の文構造について分析した[28]．その結果，上記①のＳ－Ｖ－Ｏの語順については，次のような分布が得られた．

・Ｓ－Ｏ－Ｖ：57言語（44％）代表例：日本語，朝鮮語
・Ｓ－Ｖ－Ｏ：51言語（39％）代表例：英語，中国語

意外なことに，世界のなかでは，日本語と同じ語順の言語が，大多数を占めている．そのような言語は，アジア，中南米，北米などに広く見られることが分かった．

上記②の名詞を修飾する関係節（形容詞節）の位置につ

いては，
- 関係節が名詞の前に来る：29言語（22%）例：日本語
- 関係節が名詞の後に来る：86言語（66%）例：英語

名詞の修飾では，日本語の順序が少数派であることが分かる．

日本語の場合，上の二つさえ守れば，主語，目的語の位置などは，文を書く人が，自由に決めてもよい．文法的な決まりがないので，それらの置き場所は，文を書く人が，勝手に決めることになるのだが，置く場所によっては，分かりやすくも，分かりにくくもなる．文章を書く人の腕の見せどころでもある．

日本語では，主語をどこに置いてもいいとは言うものの，一番収まりのよいのは，文頭，あるいは主文の頭である．本章の主語の位置を調べたところ，54.9%は文頭であった．残りは，従属節（句）に続く主文の文頭に置かれていた．

動詞の修飾語である副詞も，日本語では決まった位置があるわけではない．形容詞，形容詞節，副詞など修飾語を置く場所を十分に吟味することが，簡潔明解な文を書く秘訣の一つである．

このような分析を見ると，言語学的には，日本語が特殊であり，英語が標準であるなどの根拠はどこにもないことが分かる．

シャーロック・ホームズの推論

ドイツ語では，現在形のときは，S－V－Oの順であるが，一般的な過去形である現在完了形では，述語が最後に

来る（S−O−V）．たとえば，

　現在形：Ich liebe dich.

　現在完了形：Ich habe dich geliebt.

　清水幾太郎の『論文の書き方[19]』には，シャーロック・ホームズが，動詞が文の最後に置かれているところから，ドイツ人による英文であると看破するエピソードが紹介されている．ホームズは言う，「動詞をこんなに虐待して，最後に持って来るのはドイツ人だ」．ホームズが，もし，日本語あるいは韓国語を知っていたら，彼の推理は混乱していたかもしれない．

真打ちは述語

　英語をはじめとする多くの言語では，否定すべき言葉の前に，否定語（no, notなど）が現れ，肯定か否定かが，文章の最初のほうではっきり示される．述語と否定語が文章の頭のほうに来るS−V−O言語の場合，最初に意見を明確にし，討論を進めることができる．

　日本語では，述語が後に来るため，それを否定する言葉も文の最後に来ることになる．すなわち，日本語では，文の最後に来て，どんでん返しがあり得ることになる．

　キングズ・イングリッシュを話していたであろうシャーロック・ホームズから見れば，動詞や否定を最後にもってくるなど，文章を粗末に扱っているようにしか思えないかもしれない．しかし，粗末に扱っているのではない．われわれは，述語と否定語を，「真打ち」として敬い，文末に置いているのである．主語は，むしろ前座扱いなので，顔

を出しても出さなくともいいことになる．日本語の真打ち，それは述語である．

複文と重文

学校で習ったはずであるが，重文と複文の違いなど忘れてしまっている．しかし，文を解析するときには必要なので，最小限の復習をしておこう．

①単文（simple sentence）：主語と述語から構成される基本的な文．例，主語がない．

②重文（compound sentence）：単文を並列的につないだ文．例，主語はないが，述語はある．

③複文（complex sentence）：文の要素として，別な文（節）がある．例，主語がないので，私は理解できない．

④節（clause）：文の一部を構成する要素で，述語を含むもの．例（形容詞節）：主語を含まない（文）．

⑤句（phrase）：文の一部を構成する要素で，2語以上からなり，述語を含まないもの．例：変な主語の（文）．

この章の文を分析したところ，単文が32.9%，重文が6.6%，複文が60.5%を占めていた．重文の中で，清水幾太郎が「小さな悪魔」とよんだ「が」を使った文が約半数（46.7%）あった．全体の3.1%である．「小さな悪魔」といわれるのは，「が」を使うと，論理的な関係をあいまいにしたまま，接着剤として簡単に文を連結することができるからである．[19] 確かに便利だが，知的な文章においては，あまり使わないほうがよい．

関係代名詞

英語では，形容詞は名詞の前に置くが，少し長い修飾句（形容詞句）は名詞の後ろに置く．フランス語では，基本的な形容詞（大きい小さい，よい悪いなど）のみが名詞の前に置かれる．その上，関係代名詞があるので＊，長い修飾節も，分かりやすく整理できる．谷崎潤一郎は言う[17]．

（西洋の言葉には）関係代名詞という重宝な品詞があって，混雑を起こすことなしに，一つのセンテンスに他のセンテンスを幾らでも繋げて行くことが出来る．

日本語の場合，修飾語はすべて名詞の前に置かれるため，特に長い形容詞節のときは，文が分かりにくくなる．

関係代名詞のない日本語では，次のような英文は，どのように書けば分かりやすいだろうか．

Dioxin, a chloride-containing toxic chemical, which I have been studying in Wisconsin University since 1980, occupies considerable public attention as an environmental hazard.

＊関係代名詞は「……するところの……」と訳すように教わった．この訳し方は漢文の影響を強く受けている．所得，所信，所在などの「所」は，同じ使い方である．

英文では，文頭で dioxin が示され，それを修飾する形容詞節は関係代名詞としてまとめられているので，文章の意味を捉えやすい．

関係代名詞のない日本語で，このような文章を書くときには，二つの方法がある．

① 日本語のルールにしたがい，形容詞節，形容詞句をすべて名詞の前に置くときには，次の2点を守る．

a：長い修飾語を先に置く．

b：節，句の間に読点を入れる．

すなわち，

「私がウィスコンシン大学において1980年以来研究を重ねてきた，塩素を含む有毒物質であるダイオキシンは，環境汚染物質として社会の注目をあびている」

aとbを守らないと，次のような分かりにくい文となる．

「塩素を含み有毒物質であり私がウィスコンシン大学において1980年以来研究を重ねてきたダイオキシンは，……」

② 修飾する文（節）が長いときには，文を二つに分けたほうがよい．この例文では，次のようになる．

「私は，ウィスコンシン大学において1980年以来ダイオキシンについて研究を重ねてきた．塩素を含むこの有毒物質は……」

一般に，修飾する形容詞節はできるだけ短くしなければならない．本章で使った形容詞節の平均字数は，13.8字であった．この程度の長さであれば，混乱することもないであろう．

迷う句読点

 日本語は語順が不安定であるが，さらに，その語順を仕切る句読点にも一定の法則がない．それに比べると，英語など欧米語では，コンマ，セミコロン，コロンなどの使い方が，きちんと決まっている．
 村上春樹の短編小説に，デパートの苦情処理係の青年が，送られてきた手紙を分析するところがある．[29]

 まず，読点の数が圧倒的に多いんです．句点ひとつに対して読点が6.36，どうです，多いと思いませんか？ いや，それだけではありません．その読点の打ち方が実に無原則なのです．

 谷崎潤一郎は，「句読点と云うものも宛て字や仮名使いと同じく，到底合理的には扱い切れないものであります」と述べている．[17] その一方，「読者が読み下す時に，調子の上から，そこで一と息入れて貰いたい場所に打つことにしております」とも述べている．
 本多勝一は，分かりやすい文章を書く上で大事なのは，「語順」と「句読点」であるとして，1章52ページをあてている．[20] 彼は，読点を打つ原則として，「長い修飾語が二つ以上あるとき，その境界」をあげている（上記「関係代名詞」の対処法①-b）．
 近年になって，読点が多くなったような気がする．自らを振り返ると，ワープロを打つとき，指の運動のリズム感

覚で，右手中指が，無意識のうちに，コンマを打ってしまうためではないかと思う．原稿を，読み直して，不必要な，「，」を，取り除く，作業が，必要なくらいだ（アンダーラインの読点は必要ないだろう）．理論的には　この文のように　「，」なしでも　一字あければ　同じ効果があるはずなのだが　そのような習慣は　まだ日本文にはない．何か不安定な感じを　受けるためであろう．

　因みに，本章の読点の数は，文あたり1.9個，ほぼ13字に1個の割合で，読点があることになる（238ページ参照）．

4．日本語の三大症状　(3)あいまい症候群

　1994年にノーベル文学賞を受賞した大江健三郎(おおえけんざぶろう)の受賞講演のタイトルは，「あいまいな日本の私」であった[30]．英文タイトルの 'Japan, The Ambiguous, and Myself' は，1968年にノーベル文学賞を受賞した川端康成(かわばたやすなり)（1899－1972）の受賞講演，「美しい日本の私」，'Japan, the Beautiful, and Myself' を意識したものであった．

　大江健三郎は，受賞講演（英語）のなかで，次のように述べている．

　さきに私は，川端のあいまいさについていいながら，vague という言葉を用いました．いま私は，やはり英語圏の大詩人キャスリーン・レインがブレイクにかぶせた《ambiguous であるが vague ではない》という定義にしたがって，同じあいまいなという日本語を ambiguous

と訳したいと思いますが，それは私が自分について，「あいまいな日本の私」というほかにないと考えるからなのです．

ambi-はラテン語で「両側に」という意味である．したがって，ambiguousには，両義的，多面性に基づくあいまいさ，といったニュアンスがある．大江の言う「あいまいさ」とは，「日本人が近代化をつうじて慢性の病気のように育ててきた」ものを指している．西欧と伝統，国家と個人，繁栄と貧困，など日本の背負っているさまざまな両義性を意味しているのであろう．

日本文学者のドナルド・キーンは，
「はっきりとした表現は日本語ではない」（本章エピグラフ）に続いて，次のように述べている[16]．

美しい日本語なら，あいまいさを嫌うどころか，なるべく表現をぼかすのだ．数年前に日本人に手紙を出したが，その中に「五日間病気でした」と書いたので，友人は「日本語として正確すぎる」と言って「五日ほど」と直してくれた．

私は，最近，ぎっくり腰で5日間入院した．思い出してみると，差し障りのない会話のときは，「5日ばかり入院していた」と言い，「入院期間」を強調するときには，「5日も入院していた」と言っていたような気がする．われわれは，「あいまいさ」を使い分けているのだ．これは，英

語でも他の言語でも同じことであろう．

思い病

気をつけていると，われわれは，かなり頻繁に「思う」と言っているように思う．日常会話のときも，メールを書くときも，「……と思います」など，軽い気持ちで，使っている．「重い病」というわけではないが，「思い病」は，花粉症のように，日本人に蔓延している病気と言ってもよいのではないかと思う．

NASAの主任研究員であった物理学者の桜井邦朋は，日本語でしばしば使われる「思う」という言葉に，あいまいさを見出した[31]．彼が一つの例としてあげているのは，驚くことに，日本国憲法の前文である．

We desire to occupy an honored place in an international society……

この文が日本語では，次のようになっている．

国際社会において，名誉ある地位を占めたいと思ふ．

すなわち，GHQ（連合国軍総司令部）が作成した原文はdesire，「望む」「希求する」という強い意志を示す言葉であった．それが日本語では，「占めたいと思ふ」となり，表現が和らげられている．

相手の出方をうかがう

海堂 尊(かいどうたける)の『ブラックペアン1988』には，新人医師の「思う」を，教授が注意する場面がある[32].

「再建臓器は何を使う」
世良はちらりと高階講師を見て，答える．
「マーゲン・ロール（胃管）の吊り上げによる再建術になると思われます」
「なぜさっきから世良君は"思われます"などという不確定な語尾で話すのだね」
佐伯教授が尋ねる．世良は答えを一瞬ためらう．

海堂尊よりも50年前に，清水幾太郎は，世良医師の表現を次のように分析している[19].

日本的な社交の原則を守ろうとすれば何事も控え目にしなければならぬ．……そこで，「……と考えるんですが，……」「……と言えるようにも思うんですけど……」の連発になってしまう．……このように全部を言い切らないという方法には，それで相手の出方を待つという含みもある．若し相手が厭(いや)な顔でもしたら，言いかけた話をひっこめて，方向転換する余地を自分の側に残しておくのである．

目上の人の前では，何事も控えめにしなければならない．若い世良医師は，断定的に言わずに，教授の出方をうかが

う「配慮表現」を使ったのであった.

　断定を避け,相手の出方をうかがうのは,日本文化の一つの特徴ではなかろうか.ケータイメールに使われる,(ˆoˆ)(;_;)のような顔文字は,遊び心のようにも思えるが,心理的には,相手に配慮し,ソフトにこちらの感情を伝える「配慮表現」である.

5.レゲットの忠告

　2003年にノーベル物理学賞を受賞することになる理論物理学者のレゲット*(Anthony J. Leggett)(図2 - 3)は1960年代半ば京都大学に滞在していた.当時27,28歳のレゲットは,日本人物理学者の論理的あいまいさについて,1966年,日本物理学会誌に投稿した.[33] 木下是雄の『理科系の作文技術』は,この論文を基にしている.[3]

　レゲットは,日本人の表現について,次のように言っている.

Japanese seems to have a strong tendency to avoid too definite or assertive a statement, possibly because it is thought presumptuous to impose one's own views on the reader without conceding that there are

---

＊2010年3月,東京大学から名誉博士号を授与されたとき,祝賀パーティがイギリス大使館で開催された.受賞者が木下是雄の本に引用されたレゲットと同じ人と知らず,私は彼と話をする機会を逸してしまった.

図2-3 レゲット
(Wikipedia)

possible alternatives. This notion is completely foreign to most Western readers.
(日本人は, はっきりと, あるいは断定的に述べることを避ける傾向が強い. それは, 他に可能性があるのに, 自分の意見を押しつけることを僭越と思っているからではなかろうか. このような考え方は, 大多数の西欧人とは, まったく異なるものである)

……if you state your opinion vaguely because you want to leave room for various possible interpretations besides your own, they will often simply take this as assign vague and muddled thinking.
(もしあなたが, いくつかの解釈の可能性を残すために, あいまいな意見を述べたら, 欧米の読者は, あなたの考えが明確でないか, 混乱していると, 取るであろう)

続いて, 日本人の文章について, 次のように述べている.

In particular, it is almost hopeless to try to translate

phrases like "であろう", "といってもよいのではない
かと思われる", "と見てもよい" etc. into English.
("であろう", "といってもよいのではないかと思われる",
"と見てもよい" などは、ほとんど英語に訳すことができな
い)
(英文中の日本語は、原文のまま)

「であろう」など、われわれはしょっちゅう使っている.
英語でも、seem, appear, likely など、同じような表現を
使っているではないか.「であろう」程度は、使っても問
題ないのではないかと、正直思う.

6. 3行にまとめた大事なこと7点

　欧米語の基準で見ると、日本語にはいくつもの問題があ
る. 加えて、言葉の背景となっている日本文化そのものも、
あいまいさを内包している. しかし、われわれは、無意識
のうちに、日本語が内包するいくつかの欠点を補いながら、
論理的に考え、意思表示をしているのだ.
① 必要なときには主語を略さない
　日本語では、主語を省略しても誤解を生じることはほと
んどない. しかし、主語がないために、意味が不明瞭な
ときには、主語を明確にすべきである.
② 短い文章を書く
　日本語では、述語、否定形が文末に至るまで分からない.
このため、文は短くし、文末の述語、否定を明瞭に示す.

100語以上の長い文は書かないようにする．

③ **名詞の修飾は短く**

修飾語が重なる場合，長い修飾語を先に出し，読点で区切る．関係代名詞のない日本語では，長い形容詞節のあるときは，文を分けたほうがよい．

④ **読点は，分かりやすさと読みやすさで決める**

読点に法則はない．文節は，うるさくない程度に読点で区切る．修飾語が重なるときも，読点で区切る．読むときのリズム感も，読点によって影響される．

⑤ **語順は，分かりやすさで決める**

日本語には，主語，目的語などに語順のルールがない．文章を読み直し，一番分かりやすい位置に，言葉を移動させる．長い文節は前のほうに置くほうが分かりやすい．

⑥ **あいまいな表現は使わない**

あいまいな表現は，責任を避けたいという気持ちの表れでもある．自分の考えを主張するときには，責任を回避することなく，正々堂々と正論を言う．

⑦ **英語に直してみる**

英語に訳してみると，日本語の問題がはっきり分かることがある．英語に直せないときは，その理由を考える．あいまいなところが，見えてくる．

本章の日本語の数量的解析は，「おわりに」に記載してある．

第3章 知的三原則《簡潔・明解・論理的》

> 簡潔は知恵の要(かなめ)，長話は枝葉末節，尾ひれをつけるにすぎませぬゆえ，簡潔に申し上げましょう．ご子息のハムレット様は気ちがい，
> ——シェイクスピア『ハムレット』[34*]
> （河合祥一郎訳）

わが国にはあいまいさを尊ぶという文化があり，日本語には論理的表現についてのある程度の制限がある．しかし，それにもかかわらず，われわれは，これまで，論理的に考え，分析し，仕事をしてきた．この章では，そのような日本語を駆使し，知的な文章を書くための三原則《簡潔・明解・論理的》について考えてみたい．

1. 文章を書くということ

精神的エネルギーの放出

テレビを見ながら眠るのは，なかなか気持ちがよいものである．一方的に映される画像を見て，話を聞いているだけだから，それほどの精神活動もないまま，いつの間にか

---

*Therefore, since brevity is the soul of wit, And tediousness the limbs and outward flourishes, I will be brief. Your noble son is mad.
William Shakespeare, *Hamlet* (35)

眠ってしまう．

　本を読むのは，テレビを見るよりは，はるかに積極的な活動である．活字を目で追い，理解し，頭に入れる．気楽な本ならともかく，知的な本となればなおさらである．

　文章を書くのは，本を読むよりも，さらに一段上の知的行為である．清水幾太郎は，読むことと書くことの間の違いについて，次のように述べている．

　（読むと書くとの間には）必要とするエネルギーの大小というだけでなく，もっと質的な相違があると言わねばならない．そこには，精神の姿勢の相違がある．……私たちは，多量の精神的エネルギーを放出しなければ，また，精神の戦闘的な姿勢がなければ，小さな文章でも書くことは出来ないのである．

谷崎潤一郎は，「文章の要は何かと云えば，自分の心の中にあること，自分の云いたいと思うことを出来るだけその通りに」伝えることだと言っている．しかし，「自分の言いたいことをその通りに」書いたのでは，簡潔，明解でなく，論理もあやふやになる．知的な文章を書くのには，相当な知的エネルギーと，それに見合う苦労が必要である．

＊＊本書では，「文章」を，時枝誠記の定義にしたがい，「文より大きい言語単位で，それ自身完結し統一ある言語表現をなすもの」という意味で使っている．適当な英訳はない．それに対して，「文」（sentence）は，「形の上で完結した言語表現の一単位」をいう（『広辞苑』）．

まず書き始める

　文章を書き始めるのには、新しい冒険に一歩を踏み出すような、思い切りが必要である．なかなかアイデアがまとまらない、書きたいことは断片的にしか思い浮かばない、最初の文章が出てこないなど、書かねばならないと思いながらも、書き始められないでいる．しかし、そのときは、頭の中で、少しずつ、文章が熟成しつつあるのだ．何かのきっかけがあれば、たとえそれが発熱であっても、一度に書き出すことができる．私の前書の場合のように[36].

　珍しく38度を超す熱が出た．……このまま回復しないのではないか、とふと考えた．そのとき、書き出しの文章がひらめいた．書こう、書こうと思いながら、書くように何年も言われつづけながら、書けなかった本の書き出しとテーマが決まった．寿命だ．寿命に限界があるということ、それ自身が大切なのだ．……熱がまださめぬうちに、最初の数ページを書いた．

書きやすいところから書き始める

　コンピュータ時代になって、書き出すためのバリアーはずいぶん低くなった．第8章で述べるように、最初の文章とは限らず、どこからでも書き始めることができる．

　私は、一番書きやすいところから書き始めることにしている．論文の場合、「材料と方法」の項目は、英語でも定型的な文章が多いので、気分的に楽に書き始めることができる．少しでも書けば、気持ちがだんだん乗ってくる．次

に，実験結果を書く．考察や序文のような，考えを巡らさなければならない項目は，その後にする．

文学作品と異なり，学術文の場合は，書き出しの文にこる必要はない．味も素っ気もないような文章，たとえば，「この研究は，……を目的としている」"The present study aims……" といった定型的な文章で始めてよい．要は，言いたいこと，考えていることが，誤りなく正確に伝わるかどうかである．

余裕をもって書く

いつ書き始めるか．締め切りがある書類の場合，相当の余裕をもって書き始めるべきである．自戒をこめていえば，締め切りの2ヵ月前から取りかかりたいものだ．卒業論文，修士論文のように，論文執筆になれていない場合は，もっと時間が必要だろう．書き上げた原稿を見直す時間は，少なくとも2週間確保してほしい．

締め切りのある仕事と締め切りのない仕事を並行して進めていると，つい，締め切りのあるほうを優先しがちである．しかし，よく考えてみると，締め切りのない仕事のほうが大事なのだ．締め切りのない仕事は，たとえば，研究のように，自分の内部から湧き出た，本当にやりたい仕事のことが多い．締め切りのない仕事に，自ら締め切りを作ることも大切である．

村上春樹の集中力

よい文章を書くためには，何が必要か．村上春樹は，彼

第3章 知的三原則《簡潔・明解・論理的》

が翻訳した本の序文で次のように言っている.[37]

> 翻訳作業を通して，……学んだもっとも大事なものは，小説を書くということに対する（原作者の）姿勢の良さだったと思う．そのような姿勢の良さは，必ず文章に滲み出てくるものだ．そして読者の心を本当に惹きつけるのは，文章のうまさでもなく，筋の面白さでもなく，そのようなたたずまいなのだ.

「姿勢の良さ」などといわれると，精神論のように聞こえるかもしれない．しかし，文章を書くという高度の精神作業には，強い精神力が必要である．その強い精神のもとで，姿勢を正して向き合い，集中することである.

村上春樹は，長距離ランナーとしての経験を書いた本の中で，集中力と持続力について，次のように述べている.[38]

> 小説家にとって最も重要な資質は，言うまでもなく才能である．……才能の次に，小説家にとって何が重要な資質かと問われれば，迷うことなく集中力をあげる．自分の持っている限られた量の才能を，必要な一点に集約して注ぎ込める能力．これがなければ，大事なことは何も達成できない．そしてこの力を有効に用いれば，才能の不足や偏在をある程度補うことができる．……集中力の次に必要なものは持続力だ．……このような能力（集中力と持続力）はありがたいことに才能の場合とは違って，トレーニングによって後天的に獲得し，その資質を向上

させていくことができる.

小説と比べるほどではないにしても, 論文や申請書を書くときには, 集中力と持続力が求められるのは, 確かである.

2. 簡潔, 明解な文章を書く

一に明晰, 二に明晰, 三に明晰

文章の秘伝を聞かれた森鷗外(もりおうがい) (1862-1922) は「一に明晰(めい)晰(せき), 二に明晰, 三に明晰」と答えたという[18]. 明晰, 明解は, いかなる文章を書くときでも重要であるが, 特に, 論文, 申請書のような, 知的文章を書くときには, 簡潔であると同時に明解な文章が求められる.

英語でも, "clarity and brevity" が, 論文を書くときの心得として, 強調されている. エピグラフに引用した『ハムレット』第2幕第2場のポローニアスの台詞,「簡潔は知恵の要(かなめ)」(Brevity is the soul of wit) は, イギリスの格言となっている[39]*.

簡潔, 明解な文章とは, どんな文章なのだろうか. 抵抗なく読めて, 内容がスムースに頭に入ってくるような文章である. 読んでいるとき, どこかで, 考えが止まったり, 読み返さなくてはならないようであれば, よい文章とはい

---

*この格言には, 言い換え版がたくさんあるという (39). たとえば, Brevity is the soul of lingerie (短さはランジェリーの見せどころ).

えない.谷崎潤一郎も言っている[17].

　……実際に声を出して暗誦(あんしょう)し,それがすらすらと云えるかどうかで試してみることが必要でありまして,もしすらすらと云えないようなら,読者の頭に這入(はい)りにくい悪文であると極(き)めてしまっても,間違いはありません.

短い文を書く

　知的三原則にしたがい,簡潔,明解に文章を書くためには,何よりも,短い文を書くことが大事である.前章で述べたように,「真打ち」とも言うべき一番大事な述語,否定語が文末にくる日本語では,文が長くなると,言わんとするところがあいまいになってしまう.

　これを避けるためには,単文,重文,複文のいずれでも,文はできるだけ短くする.形容詞節は,短くまとめるようにする.英文でも,言葉の多い文章は,wordy と呼ばれ,避けるように言われている.因みに,前章の218の文を分析したところ,文あたりの平均字数は,39.1字であった.最短の文は7字,最長でも102字であった(詳しくは,238ページ参照).

　同じようなことを繰り返し述べる冗長な表現 redundant, tedious(ハムレットの台詞には後者が使われている)は,絶対避けなければならない.考えてみると,このようなことは,今からおよそ700年も前に兼好法師が言っていることなのだ.『徒然草』に曰(いわ)く.「賤(いや)しげなるもの……人にあひて詞(ことば)の多き.願文(がんもん)に作善(さぜん)多く書きのせたる」.

名文は必要ない

文学作品とは異なり，論文，申請書などには，いわゆる名文は必要ない．大げさな表現，気取った文章などは，逆に，内容の信頼性を疑わせかねない．

とはいうものの，粗雑な文章でよいというわけではない．きちんとした正確な表現，素直な文章を心がけるべきである．文法的に間違いのない，良識的な表現と内容が，文章の品格となり，信用性を与える．

よく言われるように，よい文章を書くためには，よい文章を読むことである．初心者は，論文を書く前に，気に入った論文，エッセイなどを繰り返し読んでおくとよい．特に，英文で執筆する場合には，いくつかのお手本になるような論文を選び，役に立ちそうな表現にマークをしておくことを薦める．日頃から，文章表現へのセンスを磨いておくことが，よい文章を書く上で何よりも大事である．

「骨髄に徹する」ように理解する

簡潔，明解な文章を書くには，まず本人が理解していなければならない．逆に言うと，本人が本当に理解しているかどうかは，文章を読めば分かってしまう．夏目漱石（1867-1916）の弟子であり，物理学者の寺田寅彦は次のように言っている．

何度繰り返して読んでみても，何を言うつもりなのかほとんどわからないような論文中の一節があれば，それは

実はやはり書いた人にもよくわかっていない．……これと反対に，読んでおのずから胸の透くような箇所があれば，それはきっと著者のほんとうに骨髄に徹するように会得したことをなんの苦もなく書き流したところなのである．

「骨髄に徹する」ように，理解するのにはどうしたらよいか．考え，調べることである．自分の理解が正しかったか．別な視点から見たらどうなるか．問題の社会的背景は何か．今日の問題には，どのような歴史的背景があるのか．現代においてはどのような意味をもっているのか．将来，発展の可能性はあるのか．実験・調査の方法とその限界など，全体像から細部に至るまで理解することである．特に，初めて論文を書くことになった学生にとっては「骨髄に徹する」ように理解することが重要である．

略号，箇条書き

DNAとかNASAのような，誰でも知っているような略号は別として，略号の多くは，その業界のみで通用する「業界用語」にすぎない．朝永振一郎(ともながしんいちろう)(1906-1979)と共に1965年ノーベル物理学賞を受賞したファインマン (R. Feynman, 1918-1988) が，NASAに呼ばれたときのことである．[41]

まず僕らはNASAがやたらにふりまわす厄介な略号に慣れなくてはならなかった．……「なあにあんなもの，

ごく簡単ですよ．略号集をあげますから大丈夫です」とNASAの連中は受けあった．……この略号集というのがばかでかいぶ厚い本で……とか言うたんびにあわててページを繰らなくてはならない．

論文の場合は，最初に略号の説明をつけるのが普通であるが，申請書の中には，説明なしの略号を見かけることがある．略号が分からないために，申請内容が理解されず，落ちてしまったのでは，NG である．

同じように，仲間の間でしか通用しないような言葉 jargon, slang なども用いるべきではない．たとえば，リモセン（remote sensing, 遠隔測定），肝メタ（肝臓 metastasis, 肝転移）などは，想像はつくであろうが，正式の書類にふさわしい言葉ではない．

箇条書きにすると，要点を明確に示すことができる．便利な上簡単なので，つい多用しがちである．箇条書きの頭には，マル点をつけることが多い．ファインマンは NASA で，この点にも悩まされる[41]．

さて略号のお次は「黒点」で，何かの要点の前に必ずつけてある弾丸のような黒い点だ．これが説明書にもスライドにもめったやたらと並んでいる．

箇条書きは，確かに便利だが，黒点のついた箇条書きがあまりに多いと，文章としての品格が問われるというものである．ただし，要点を説明するパワーポイントでは，箇

条書きはごく普通に使われる（第6章）．

　言うまでもないことだが，簡潔明解というのは，論旨が簡潔かつ明解に書かれていることである．略号で短く書いたり，箇条書きで要点のみを書くことではない．

3. 論理的な文章を書く

文脈による論理の展開

　知的三原則の三番目の要は，論理とその展開である．分かりやすい論理の流れに乗り，簡潔，明解な文章によって説明されるとき，説得力が生まれる．医師であり弁護士である水澤亜紀子（10ページ）は，論理的思考の重要性について次のように述べている[14]．

　弁護士となって……あるとき筋道を立てて物事を考え，その論理が自然に流れて結論に至ることの重要性に気付いた．できるだけ情報を収集して分析検討し，結論を論理的に導出することは，自らが正しい答えに至り，かつそのことを他人に理解してもらうための最大の担保であり，武器である．

　どんな問題でも，背景から説きおこし，全体の中で位置づけし，さらに展望するという全体像の把握があって，はじめて明確に，その意義が伝えられる．最初から小さい問題にこだわり，それだけに終始していたのでは，大方の理解は得られないであろう．

言いたいことは,「文脈」の中で展開されて説得力が生まれる. 山脈が山のつながりをいうように, 文脈は文章のつながりをいうが, それに加えて, 展開される筋道, 背景を意味している. 文脈に相当する英語のcontextには, fully understand, clarify meaning という説明が辞書に加えられている. frame, story, perspective なども, 同じような意味で使われる. 文脈は, 具体的には, 次に述べるパラグラフとなって, 論理の流れを決める.

論理単位としてのパラグラフ

パラグラフの概念はもともと日本語にはなかった. 明治36年 (1903), 文部省の国定教科書が, パラグラフに相当するものとして, 改行して1字下げる「段落」を取り入れたのが, 最初と言われている[42].

手許にあるいくつかの小説を開いてみたが, 段落の付け方には何のルールもなく, そのときの気分で行替えしているとしか思えない本が多かった. たとえば, 司馬遼太郎(しばりょうたろう)(1923−1996)の『坂の上の雲』[43]には,

試験が始まった.
作文の考査である. 好古は, ……

というように, 論理と関係なく, 短い文で改行しているのが目立つ. 一方では, 何ページにもわたって一つの段落が続くような小説がある. 小説家にとって, パラグラフは, いまだ段落にすぎない.

第3章　知的三原則《簡潔・明解・論理的》

英文学者の大津栄一郎は,『英語の感覚』の中で，次のように述べている.[44]

　英語では，伝達したい内容がパラグラフで表現され，そういうパラグラフがいくつか集まって，全体で，話者の主張や考えが形づくられるのである.

　事実，アメリカの大学では，パラグラフの構成が英語の教育の重要な部分を占めているという．外山滋比古は，日本人学生はパラグラフを理解しないと嘆いていたアメリカ人教師のエピソードを紹介している.[42] 科学的な文章論を展開している木下是雄，野口悠紀雄，桜井邦朋も，パラグラフの重要性を等しく主張している.[3,31,45]

　なぜパラグラフが重要なのか．それは，パラグラフが「論理単位」だからである．一つのパラグラフには，一つの論理テーマが入る．パラグラフという論理の単位がつながって，全体としての論理を展開するからである．したがって，複数のテーマが一つのパラグラフに入ると，論理単位としての意味がなくなり，単なる「段落」になってしまう．一つの論理単位が，複数のパラグラフに分かれると，論理そのものが崩壊してしまう．

　パラグラフは，論理の流れを作り，ときには，その流れを変える．論理を飛躍させるとき，話題を変えるときには，新たなパラグラフにする．原稿を読み直して，論理の流れがスムースでないと感じたら，パラグラフを入れ替える，あるいは，追加したり，除いたりして，論理が素直に流れ

るように直す．

　パラグラフの最初に，テーマを示す「トピック・センテンス」があると，理解が早まるであろう．パラグラフを理解しやすくするもう一つの方法は，「したがって」，「これに反して」などの接続詞でパラグラフの最初の文章を始めることである．このような接続詞があると，パラグラフ間の論理的つながりが明瞭になる．

　パラグラフの長さは，当然，内容によって異なる．理論的には，1行でもよいし，1ページ以上にわたってもかまわない．しかし，パラグラフの長さは読みやすさも決めている．常識的には，10行前後に収めるのが，理解しやすく，読みやすい．因みに，本書第2章のパラグラフは平均4.4行である（240ページ）．

　われわれは，文章を読むときに，無意識のうちに，パラグラフ単位で読んでいるはずだ．ちょっと見て，重要でないパラグラフと思ったら，飛ばしている．パラグラフ単位で理解し，パラグラフの流れで論理を把握している．パラグラフがいい加減な文章は，理解しにくく，読みにくい．論理的な文章の基本はパラグラフにあることを，いくら強調しても強調しすぎることはない．

レゲットの樹

　レゲットは，論文で重要なのは，言葉の使い方，たとえば，a と the のどちらを使うかといったミクロの視点よりも，文章全体の論理構成というマクロな視点であると，わが国の物理学者に忠告している[33]．

第3章　知的三原則《簡潔・明解・論理的》

マクロに見た場合，日本人の文章の分かりにくさについて，レゲットは次のように述べている．

In Japanese it seems that it is often legitimate to state a number of thoughts in such a way that the connection between them, or the meaning of any given one, only becomes clear when one has read the whole paragraph or even whole paper.
（日本語では，いくつもの考えを述べるとき，相互の関係，さらにはその一つの考えもはっきりしなくともよいらしい．パラグラフ全体，時には，論文全体を最後まで読まなければ，何を言いたいのか分からないことがある）

レゲットは続ける．

This is not so in English; each sentence should be completely intelligible in the light only of what has already been written. Moreover, the connection between one thought and the next should be completely clear when it is read; for instance, if you deviate from the 'main line' of the thought explore a sidetrack, this should be made clear at the point where the sidetrack starts, not where it finishes.
（しかし，英語では違う．それぞれの文章はそこまでに書かれたことのみから，完全に理解できるようでなければならない．さらに，考えの間の関係は，読んで直ちに分かるようでなけ

ればならない．論旨の主流から外れて脇道に入るときには，どこで脇道に入ったかが分かるようにしなければならない．読み終わってから，そのことが分かるようではいけない）

If you want to make a lengthy excursion, it is often better to do so in a footnote.
（もし，長い脇道に入るようであれば，脚注で述べたほうがよい）

上記のなかで，「それぞれの文章はそこまでに書かれたことのみから，完全に理解できるようでなければならない」は，特に重要である．もし，理解できなければ，後戻りして文章を読み直したり，あるいは，分からないままに前に進み，ますます分からなくなるからである．

レゲットは，日本・欧米間の違いを，分かりやすく説明するために，右ページのような模式図を示した．木下是雄の『理科系の作文技術』のなかで，「レゲットの樹」として紹介され，有名になった図である．[33]

この図では，左から右に向かって読んでいくものとする．左は日本型，右は欧米型の思考の流れを示す．一見して分かるように，日本では，いくつにも分かれた枝が，中心となる線に合流する．それに対して，欧米式思考では，枝の数は少なく，しかも，枝の向きは逆方向である．*

＊木下是雄は，左図を「逆茂木（さかもぎ）構造」と命名した．「逆茂木」とは，敵の侵入を防ぐため，とげのある木を外に向けて並べたものとのこと．

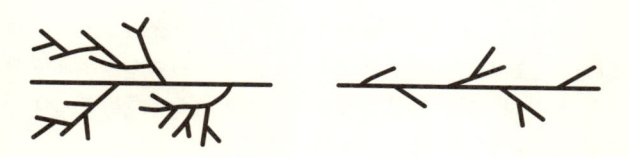

第3章　知的三原則《簡潔・明解・論理的》　　　　57

図3‑1　レゲットの樹．左：日本の論理の流れ，右：西欧の論理の流れ (33)

　レゲットが枝分かれと指摘しているのは，一つの文の中のこともあるし，パラグラフ内のこともあるであろう．あるいは，論文全体に，枝が繁りすぎ，木が見えないこともあるかもしれない．いずれにしても，レゲットには，「混乱」状態としか思えなかったのであろう．
「レゲットの樹」は，問題提起としては有意義であった．しかし，当時の物理学者，それも湯川秀樹 (1907-1981) を擁する京都大学物理学教室の物理学者たちが，それほど混乱していたとは信じられない．

　レゲットの論文が発表された1966年当時，私は「試験管内発がん」実験に成功するなど，すでにいくつかの英文論文を発表していた．国内外のがん研究者と討論する機会もあったが，正直に言って，レゲットが指摘したような思考上の混乱が，私も含めて，わが国の研究者の間に蔓延していたという記憶はない[*]．

---

[*]小説などには，ときにレゲットの樹を見ることがある．たとえば，司馬遼太郎の『坂の上の雲』は，冗長な記述に加えて，「余談だが」と脇道にそれたり，「このことについては前に述べた」など，話が戻ったりする．

「レゲットの樹」が問題になるのは，論文発表よりも，口頭発表と質疑応答のときである．話があちこちに飛ぶ「レゲットの樹」構造の話し方をする人がいかに多いことか．この問題については，第6章で述べる．

起承転結の転は不要

文章作成の極意として，昔から「起承転結」が言われてきた．漢詩に起源をもつこの文章構成によると，「起」で導入し，「承」でそれを受けて展開し，「転」で話題を転じ，「結」で結論づける．確かにこの形式は，エッセイなどを書くときには，有効である．

私は，知的な文章においては，起承転結は必要ないという野口悠紀雄および野内良三の考えに賛成である．[27,45] 下手に「転」を加えると，「レゲットの樹」になりかねない．「転」は，「展」に変えるべきである．すなわち，発表内容の意義を序論で「起」こし，本論がそれを「承」継し，明解な論理が「転」ずることなく「展」開し，最後に「結」論を示す．「起承転結」ならぬ，「起承展結」が，論文に必要である．知的ドキュメントでは，素直に話を進めるのが大事である．てらいのない，英語でいうところのstraightforward を心がけるべきである．

さらに加えれば，『朝日新聞』のコラム「天声人語」はまねしないほうがよい．この種のコラムは，起と転にこだわるあまり，奇をてらった「起」で書きはじめ，「転」は回転しすぎである．入試に出題されることが多い「天声人語」は，小論文のお手本として読まれることが多いであろ

う．しかし，学生にはもっと素直な文章を書いてほしいと思う．

演繹と帰納

論理を展開するときに，二つの方法がある．普遍的な前提から始まって個別的な結論に至る「演繹(えんえき)」と，個別的な現象から始まって普遍的な結論を導き出す「帰納(きのう)」である．＊

演繹の代表的な例は，三段論法である．たとえば，

主語は論理的な記述に不可欠である．
日本語には主語がない．
日本語は論理的でない．

演繹法では，前提が正しければ，結論は正しいことになる．明治時代に日本語文法を作った人たちは，前提を誤ったため，間違った結論になってしまった．

同じ演繹法でも，前提を変えれば，逆の結論を得ることができる．

日本人は日本語を用い論理的な思考をしている．
日本語は主語を省略できる．
主語は論理的思考に不可欠とはいえない．

＊演繹の「繹」の字は，これ以外に使われることはほとんどない．漢和辞典によると，「糸を引き出すこと」「糸口を得て推し量る」という意味であるという．

一方，帰納法では，事実から始まり，実証的に普遍的な結論が導かれる．たとえば，

日本語は主語を省略できる．
イタリア語は主語を省略できる．
英語には主語が必要である．
フランス語にも主語が必要だ．
主語は必ずしも必要でない．

いずれも，無理な論理と論理の飛躍があり，必ずしも，正しい結論に至っていない．ここで分かることは，演繹，帰納に関係なく，議論はどのようにでも進めることができるということである．

実際に論理を展開するときには，緻密な考察が必要になる．結果として，演繹，帰納のどちらか，あるいは両者の組み合わせで，論理を展開していることになる．大事なのは，誤った前提，思い込みで論理を進めないことである．

英語では，演繹と帰納を次のようにいう．

演繹：deduction, a priori

帰納：induction, a posteriori

a priori は「理論に基づいた」，a posteriori は「経験，観察に基づいた」という意味で，形容詞的，副詞的に用いられる．

要素還元主義

deduction, induction, と続けば，reduction つまり「還

元」の重要性についても触れなければならないだろう．分析するとき，何か一つの要因にすべてを当てはめ，還元すれば，理解しやすいことが多い．たとえば，生物学ではゲノム，物理学では素粒子などの要素に還元し，「要素が分かればすべてが分かる」と考え，その方針のもとに研究を進める．政治経済の世界では，すべてを資本家対労働者の対立構図で理解しようとした共産主義，郵政改革なくして改革なしと叫んだ小泉政治などが，要素還元主義の典型である．いずれも分かりやすいために，熱狂的な支持を得た．「要素還元主義 reductionism」は，確かに分かりやすく，仕事を進める場合には強力な武器になる．しかし，単純に一つの要素に還元すれば，すべてが分かると思ってしまうと，大事なところを見失う可能性がある．物理学で言う「複雑系 complex system」の考え方からも学ぶ必要があろう．[46]

美しい論理

数学者の岡潔（1901-1978）は，文化勲章授章式の折，天皇陛下から数学はどのようにしてするのですか，と尋ねられ，「情緒です」と答えたという．「山路来てなにやらゆかしすみれ草」という芭蕉の句がある．山を歩いているとき，道のわきにひっそりと咲くすみれの花，それを美しいと思う心が，数学を解く場合に大事だというのだ．

数学者の藤原正彦は，このエピソードを紹介しながら，論理における情緒の重要性を説いている．[47] 論理の最初の出発点となる仮説を選ぶところに，情緒が働く．たくさんあ

る論理の中から何を選ぶかというところでも,情緒が働く.数学問題を解くとき,同じ正解に行き着くにしても,美しくエレガントな解答と,もたついた末の解答があるように,論理の展開にも,美意識が必要である.そのような「美的センス」をもつことが,論理を進める上で大事である.

4. 3行にまとめた大事なこと8点

知的作業で,もっとも大事なことは,分かりやすく,論理的な文章を書くことである.それにより読者に,説得力をもって,自分の考えを伝えることができる.

① **知的三原則《簡潔・明解・論理的》**
ドキュメントを書くときでも,プレゼンテーションをするときでも,日本語でも,英語でも,知的であるためには,《簡潔・明解・論理的》の三原則を守る.

② **簡潔明解な文章を書く**
無駄な言葉が多く,冗長な文章は書かない.名文は必要ない.書いてあることがそのまま理解できるような,素直な文章を書く.

③ **問題点を完全に理解する**
書く本人が分かっていなければ,読む人が分かるはずがない.背景,問題点,展望など全体像から,実験・調査の細部に至るまで理解した上で書く.

④ **論理の流れに乗る**
簡潔,明解と並んで,重要なのは,論理的であることである.無理のない流れに乗って論理が展開されるとき,

説得力が生まれる．

⑤ **パラグラフは論理単位**

パラグラフは論理の単位である．一つのパラグラフには一つのテーマが入る．パラグラフのつながりが論理を展開する．パラグラフの過不足，順序に注意する．

⑥ **論理はメイン・ルートを進む**

論理は，一つの目標に向かって進むとき，もっとも分かりやすく，説得力が生まれる．途中で枝分かれするような「レゲットの樹」構造は，論理を混乱させる．

⑦ **起承「展」結**

文学作品，エッセイなどと異なり，起承転結は必要ない．大事なのは，論理の展開である．その意味で，起承「展」結が，知的文章においては大事である．

⑧ **論理の展開と情緒**

演繹，帰納によって論理を展開する．論理は美しくなければならない．美しく緻密な論理のためには，論理だけでなく，情緒（美的センス）が必要である．

第4章　説得力のあるドキュメントを書く

> （菊人形を見に行こうと誘われて）
> 「今，論文を書いている．大論文を書いている．中々それどころじゃない」
> ——夏目漱石『三四郎』[48]

　われわれが文書（ドキュメント*）を書くのは，自らの考えを伝えんがためである．論理的に整理された文章を，一つの目的をもった構成にまとめる．それがドキュメントである．簡潔，明解な文章に加えて，明確な主張があり，全体をまとめるという構想力が必要となる．それは，日常会話を文章にしたようなケータイメール，あるいは感情過多なツイッターの短文とはまるで違う文章の世界である．

　ドキュメントは，仕事の出発点のこともあれば，最終結果のこともある．研究者であれば，研究資金を得るために研究費を申請しなければならない．政府のプロジェクトに参加するためには，申請書を出し，審査を受ける必要がある．仕事上のアイデアを思いついたときには，会社の上司，上層部に提案書／企画書を書かねばならないだろう．ドキュメントの出来映えが，これからの仕事を決定するのだ．

---

*本書では，文書（ドキュメント）を，「一つの目的のために構成された書類」という定義で用いる．「文章」との混同を避けるため，あえて「ドキュメント」とカタカナで記す．

仕事が終わったときのドキュメントも，また重要である．卒業論文，原著論文，報告書などのドキュメントの出来具合が，その人の仕事の評価につながる．製品説明書が分かりにくいと，消費者がけがをするかもしれない．ドキュメント作成は，知的な仕事の中で，一番とは言わないにしても，相当に重要な位置を占めているのだ．

それなのに，これまで，ドキュメント作成はないがしろにされてきた．学生は，ドキュメント作成の指導を受けないまま，卒業論文を書かねばならない．採択されるはずがないような論文，申請書を，どこに問題があるのか気がつかないまま，繰り返し送っては落ちる人がいる．上司から，提案書を書き直してこいといわれた企業の人も少なくないはずだ．

この章では，最初に，ドキュメント作成のための基本事項についてまとめ，次に，論文，申請書，説明書，一般向けの解説書などの書き方について述べる．そのいずれにおいても，知的三原則《簡潔・明解・論理的》が，必要条件となる．

1. なぜドキュメントを書くのか

誰が書くか

論文，申請書は，誰が書くべきか．卒業論文であれば，本人が書く．友人に書いてもらったりしたら，それだけで，卒業資格を失ってしまう．

論文執筆は，研究者として自立するための必須の教育で

あるので，研究を中心で行った若い人に書かせるべきである．何人もの人が参加した共同研究の場合，それぞれが担当の部分を書き，それを最後に責任者（senior author）となるべき指導者がまとめる場合もある．大至急論文にまとめなければならないようなときも，指導者が責任をもって書き上げることになるであろう．

行政，企業のような縦組織の場合，上下関係が，自由な発想と柔軟な対応を妨害しかねない．申請書の場合は，責任者が責任をもって書くべきであるが，ときに，他の人に書かせて，そのままろくに読まないで提出する上司がいる．実際に執筆する担当者は，上から文句を言われないよう，すべてを盛り込んで書こうとする．このため，焦点がぼけた申請書になりがちである．上司が，よく理解していればよいのだが，そうでないと，意味のない加筆をして，さらに悪くなる．

目的は何か

ドキュメントにとりかかる前に，なぜドキュメントを書かねばならないのか，何が要求されているかについて，十分に理解しておかねばならない．

①ドキュメントの目的は何か
②何が期待されているか
③伝えたいメッセージは何か
④読む人は誰か
⑤内部から湧き上がる情熱があるか

このような基本についての認識が甘いと，ドキュメント

のどこかに現れ，審査委員に簡単に見破られてしまうだろう．

もっとも大事なのは，ドキュメントの目的である．卒業論文の目的は，大学で学び，考え，調べたことをまとめ，大学の卒業資格を得ることである．学位論文は，学位にふさわしい学問的な内容でなければ，学位を授与されない．研究費の申請書には，なぜ研究が必要か，どんな成果が期待できるかなどを，審査委員に納得してもらえるように書かれていなければ，研究費は得られないだろう．会社に出す提案書・企画書であれば，どのように会社の目的と利益につながるかを明瞭に示す必要がある．目的を強く意識し，その目的の成功可能性（feasibility）を，説得力をもって書くことが常に要求されている．

何が期待されているか

外から示された目的に応募する典型的な例として，政府のさまざまな資金に応募する場合を考えてみよう．まず基本政策があり，その方針のもとに，さまざまな議論が行われ，実現性が検討されて，最終的に事業が決められる．すなわち，

① 政策：行政課題に対応するための基本方針
② 施策：政策に基づく具体的な方策，対策
③ 事業（プログラム）：政策，施策を実現するために設定される事業．この段階で，一般に通知される公募が行われる
④ 課題（プロジェクト）：最終的に選定された個別の課題

申請者は，このような多層構造があることを，まず理解しておく必要がある．募集要項を注意深く読み，どのような政策のもとに，何を目的に，何が期待されて，その事業（プログラム）が策定されたかを正確に理解することが大切である．

　文科省の「教育 GP（Good Practice）」プログラム*を例にとってみよう．教育 GP は，大学教育の質の向上と改革という「政策」のもとに策定された．したがって，このプログラムに応募するときには，当然，基本となる政策，すなわち，教育改革によりどのように教育の質を向上させるかについての戦略を明確に示さなければならない．教育は付けたりで，実際は，教員自身の興味，研究のためとしか思えないような申請を見ることがあるが，もちろん，採択される可能性はない．

伝えたいメッセージは何か

　ドキュメントには，何を伝え，何を主張したいかという，メッセージを明確に示さなければならない．伝えるべきメッセージ，主張すべきメッセージが明確でないドキュメントは，説得力もなく，成功しない．

　木下是雄は，『理科系の作文技術』の中で，理科系のドキュメントでは，すでにメッセージが決まっているとして，次のように書いている[3]．

---

*このプログラムは，教育の重要性とその政策を理解しない「事業仕分け」によって，廃止通告を受けた．

(米国の教科書で）意外に思ったのは，「主題をえらぶ方法」，「言うべきことをみつける方法」……という類の話題にすくなからぬページをついやしていることだ．……しかし，理科系の仕事の文書ではこれとは事情がちがう．……書く作業は主要構成材料が手許にそろってから始まるのである．

『「超」文章法』のなかで，野口悠紀雄は，木下是雄に賛成し，次のように述べている．

そのとおりである．理学部や工学部の研究室で，……「私が書くべきメッセージは何だろう？」と考え込むことはありえない．「書きたくてたまらないメッセージ」はすでに存在しているのである．

しかし私には必ずしもそのように思えない．これまでの経験からいっても，何を言いたいのか，何を主張したいのか，メッセージが分からない理系のドキュメントをたくさん読まされてきたからである．そもそも，理系のドキュメントには，メッセージがすでに存在しているなどと，理系を特殊に考えること自体賛成できない．理系であろうと，文系であろうと，本質的に変わらないというのが，この本のメッセージの一つである．

読む人は誰か

読む人のことなどまったく考えず,自分本位の興味とスタイルで書く人がいる.しかし,説得力あるドキュメントを書こうと思ったら,誰が読むか,読む人に何を訴えたいかを意識する必要がある.卒業論文を読むのは,指導教員,審査委員会の委員,そして友人たちであろう.何を目的として卒業研究を行い,どこまで明らかになり,何を学んだかなどを,みんなに分かるように書く必要がある.卒業論文は,後輩たちへのお手本となるはずである.

原著論文,申請書を提出すると,最初に目を通すのは,審査委員である.彼らによって査読され,審査を受ける.厳しい審査を想定して,書かねばならない.大きな予算の事業であれば,書類審査の後に,ヒアリングを受け,直接細部に至るまで問われるであろう.ヒアリング対策については第6章で述べる.

企業の技術者であれば,製品の取り扱い説明書を書くこともあろう.説明が悪ければ,消費者が誤った使い方をし,悪くするとけがをするかもしれない.特別の知識のない不特定多数の人向けに,やさしく書くのは容易でない.

内部から湧き上がる情熱があるか

内から湧き出る情熱がなければ,説得力がなく,審査委員を動かすことはできない.たとえば,例にあげた教育GPの場合,なぜ,教育改革を提案するのかについての明確な動機があり,それが具体的に説得力をもって書かれていなければならない.教育への情熱も感じられない申請で

は，採択はおぼつかないであろう．

卒業論文にしても，書く人の内部から湧き出る情熱がないと，論文自身に力が生まれない．先生から言われたから嫌々まとめた論文なのか，自分で興味をもって一生懸命に行った研究なのかは，誰の目にも明らかになるであろう．

2. ドキュメント作成で注意すべきこと

事実と意見を明確に分ける

知的文章で，もっとも大事なことの一つに，事実と意見を峻別することがある．木下是雄は，『理科系の作文技術』のなかで，次のように述べている．

……理科系の文書を書くときの心得は
(a)主題について述べるべき事実と意見を十分に精選し，
(b)それらを，事実と意見とを峻別しながら，順序よく，明快・簡潔に記述する．

知的作業をするとき，われわれは，事実を求めながらも，常にそれについて考え，解釈し，意見をもつようになる．しかし，文章，口頭を問わず，発表するときには，両者をはっきりと区別しなければならない．

意味のない文章は書かない

知的ドキュメントは，実質的な意味のある内容でなければならない．たとえば，「総合的，科学的なアプローチに

より,次の5年間にさらに高い到達目標を設定し,新学問領域の樹立を目指す」といったような提案からは,何を目的として,どのようにその目的を達成しようとしているのか,まったく分からない.立派なように見えても,意味のない表現は審査委員に見抜かれてしまうであろう.

大事なのは,抽象的な表現はできるだけ押さえて,具体的に,分かりやすく,自分の意志を伝えることである.それによってドキュメントに説得力が生まれる.

「切り代」を作らない

論文,申請書は,前向きの姿勢で書く.消極的な内容,提案,しらけた雰囲気のドキュメントは,審査委員から高く評価されることはないであろう.

審査委員は,優れた点を探すと同時に,欠点も探している.「切り代」すなわち,不採択にする格好の材料が見つかると,安心して落第点をつけることができる.データの間違い,論理の飛躍,間違った現状認識,プログラムの意図の無視,規定違反などは格好の「切り代」となる.審査委員に「切り代」をわざわざ見せるようなことをするべきではない.

最後まで調べる

再び,『理科系の作文技術』を引用しよう[3].

> 理科系の仕事の文書では,……調査報告を起草するときには,与えられた課題に関する調査は終って書くべき材

料はそろっているはずだ．……主張が先にあってそれを裏づけるために材料を探すなどということはありえない．

これは，理系を買いかぶりすぎていると思う．理系，文系を問わず，理解を完全にするためには，研究の最初から最後まで，どの段階においても，調べ，そして考え抜かねばならない．

実際に論文を書き始めると，集中して考えるため，次々にアイデアが出てくるものである．そのときには，最後まで調べる．必要であれば実験なり調査を追加するようにする．説得力あるドキュメントを完成させるためには，最後まで手を抜かない．

モラルを守る

ドイツ人物理学者，シェーン（J. Hendrik Schön）が，信じられないような超伝導の論文を発表したとき，彼は29歳の若さであった．2000年から2年半の間に，シェーンは，『ネイチャー』に7編，『サイエンス』に9編の論文を発表し，ノーベル賞にもっとも近いと言われるまでになった．しかし，伝統あるベル研究所を舞台にしたシェーンの研究は，2002年，すべて捏造であることが明らかになった．この間の経緯は，NHKの特集番組で報道され，担当ディレクターが一冊の本にまとめた[49]．

それから3年も経たないうちに，韓国でヒト胚細胞作成が捏造と判明した．同じ年には，わが国でも，東大のRNA研究，阪大の遺伝子操作動物作成が捏造であること

が分かった.

このような完全な虚構の上に築かれた捏造は論外であるが,その一方,小さな不正は,発見されることもなく,潜在している可能性は否定できない.言うまでもないことだが,論文,申請書,報告書などを書くにあたっては,一切の不正行為があってはならない.問題があったときのために,生のデータをきちんと保存しておくことは科学者,技術者の基本である.

医学研究では,生命倫理の規定を守ることが,前提になっている.さらに,研究の財政面でも,不正があれば,研究資金を返却しなければならない.知的作業では,すべてを公正に行うことが大前提である.

コピー&ペースト

インターネットで調べていると,いつの間にか,そのジャングルの中に迷い込んでしまう.得た情報を吟味し,自分で理解し,その上で,自分自身の考えをまとめなければならない.

情報を引用する場合には,その出所を正確に提示する必要がある.Wikipediaから引用した場合でも,「Wikipediaによる」と明示するべきである.出所を示さず,インターネットの記述をそのままコピー&ペーストして,レポートや報告書を作るようなことは,厳に戒めなければならない.かつてはコピー&ペーストを疑っても確認することが難しかったが,今や「文書比較ソフト」を使えば,コピーした文章が同定できるようになった.

3. 論文を書く

Publish or perish

研究には,いくつものゴールがある.特許を獲得することを至上命令とする研究もあるし,製品化を目的とした研究もある.研究者は論文が少しでもよい専門誌に採択されることを目標に掲げている.企業の人から,論文は学者の自己満足にすぎないというような声を聞くことがあるが,決してそうではない.研究は論文となってはじめて,社会が共有する財産となるのだ.論文として発表されなければ,研究データはそのまま消滅してしまう.英語でも,語呂合わせで "Publish or perish"(「発表するか腐らせるか」)と言うほどである.*

論文を書くには,実験をするのとは,かなり違った頭の使い方が必要だ.そのため,実験は一生懸命するが,論文は苦手とする研究者や学生が少なくない.このような人には,論文を書くよう繰り返し注意するほかない.

データが完全にそろってから論文を書こうとすると,いつまでも書けないことになる.完全主義を捨て,中核となるデータが出そろったら,書き始めるべきである.私の経

＊昔は,論文を「寝かせる」ことがあった.1932年,吉田富三が肝臓がんの発がん実験に成功したとき,師の佐々木隆興は,「1年経ってとり出して,そのときまだ値打ちがあると判断できたら,そこではじめて発表する」と言って,論文を引き出しに入れて鍵をかけてしまったという (50).この仕事は,後に帝国学士院恩賜賞を受賞した.

験では，論文を書くことにより，集中して考えることができるようになる．必要な実験に気がつき，新しいアイデアが生まれることが少なくなかった．研究の仕上げの段階は，実験と論文執筆が並行して進むようにしたいものである．そのためには，30分でも1時間でも，時間があれば，頭を切り替えて論文にとりかかれるよう，訓練することである．

デッサンする

小説に比べれば単純な筋書きであるが，それでも，ドキュメントを書くときには，何をどのような順番で，どのように書くか，筋書きを十分にデッサンしておかねばならない．

思いついたままに，書くべき内容，アイデアなどを紙にあるいはコンピュータに書き出す．関係する人が何人か集まり，黒板を前にブレーンストーミングをするのもよいだろう．それぞれが勝手な意見を言っているうちに，それまで思いつかなかったようなアイデアが生まれるものである．しかし，多数意見が必ずしもよいというわけではない．鋭く，かつセンスのある人の意見に耳を傾けるべきである．

原著論文は英語で書く

これまでの章では，日本語でドキュメントを書くことを前提にしていた．しかし，論文，特に原著論文は，英語で書き，少しでもレベルの高い専門誌への掲載を目指す．英語についての考え方は，第7章で改めて述べる．

論文の構造

卒業論文であれ，最先端の原著論文であれ，多くの自然科学系の論文は，次のような構成をとる．

タイトル（Title）
著者（Authors）
要約（Summary）
序論（Introduction）
材料と方法（Materials and Methods）
結果（Results）
考察（Discussion）
文献（References）
謝辞（Acknowledgement）

個々の項目の書き方に入る前に，論文全体の構造を示しておこう．模式的に示すと，図4－1のようになろう．序論は，広く背景から説き起こし，研究の意義に至るように書く．すなわち逆三角形の構造となる．続く材料と方法，

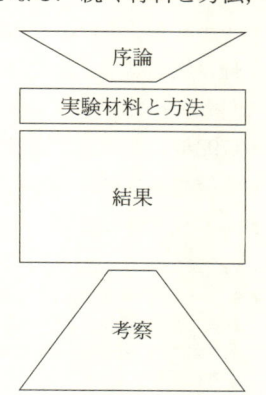

図4－1 論文の構造．序論は逆三角形，考察は正三角形に，論理が進む．

および結果の項目は，図形的に示せば，矩形(くけい)になろう．最後の「考察」は，研究で得られた事実の考察から入り，広く将来の展望へと導くという意味で，正三角形の構造をもつことになる．

『ネイチャー』のような，広い範囲の読者を想定している速報誌では，上のような論文構成を取らないことが多い．最初のパラグラフを要約にあて，すぐに結果と考察に入る．材料と方法は，詳細を求める読者が読めばよいという考えから，細かい字で最後にまとめるか，URLに掲載することがある．

タイトル

論文にしても，申請書にしても，タイトルは非常に重要である．タイトルは，ドキュメントの第一印象を決める顔である．魅力的なタイトルであれば，注目を引き，たくさんの人に読んでもらえるであろう．申請書であれば，タイトルが審査委員の第一印象を決める．

野口悠紀雄は，論文のタイトルがいかに重要かの例として，キャベンディッシュ（Henry Cavendish, 1731-1810）が1798年に発表した論文*をあげている[45]．「重力測定」に関するその論文は，『地球の重さを測る』という「わくわくするような魅力的なタイトル」で発表されたという．

---

*キャベンディッシュは，地球の密度が，$5.448 \pm 0.033 \,\mathrm{g/cm^3}$ であることを発見した．200年以上前に，簡単な装置を用いて発見されたこの値は，現在知られている数値（$5.519 \,\mathrm{g/cm^3}$）に非常に近い．

しかし，Wikipediaによると，キャベンディッシュの論文は，重力ではなく，地球の密度を測定したものであり，事実，その通りのタイトルで（'Experiments to determine the density of the earth'）で発表された[51].

キャベンディッシュからおよそ70年後の1865年，オーストリアの修道士，メンデル（Gregor Mendel, 1822−1884）は，『雑種植物の研究』（'Versuche über pflanzen hybriden'）という地味なタイトルの論文を発表した.＊ すなわち，メンデルの法則の発見である.

メンデルの論文のような「……の研究」「……の効果」のようなタイトルが，以前には多く見られた. しかし，これでは，内容が分からないので，最近では，使われることが少ない. 完全な文（S−V−O）のタイトル，たとえば，「地球の比重を測る」「植物の遺伝には法則がある」というようなタイトルも広く用いられている.

要 約

タイトルに続いて重要な項目は，要約Summaryである. 大部分の読者はタイトルを見るだけだが，興味をもった一部の人が要約をようやく読んでくれる. 要約から本文へと進む読者は，さらに限られてくる.

要約は，その研究での新たな知見とその意義が，はっきりと分かるような内容でなければならない. 人々が多忙に

＊メンデルの論文は岩波文庫で読むことができる（52）. 驚くことに，発見から150年近く経た現在でも，メンデルの法則には，訂正すべき箇所は見つからない.

なるにしたがい，要約もだんだん短くなってきた．多くの英文専門誌では，250語以内で要約をまとめなければならない．要約は，すべてを書き終わった後に，冷静に自分の論文を読み直し，本当に大事なこと，伝えたいことを，あたかも新たな論文に取りかかるような気持ちで書くべきである．

序　論

　序論 Introduction は，文字通り，論文の導入部である．全体の構成は，テーマの背景など，大きな問題から入り，論旨を展開しながら，次第に論文のテーマへと収斂していく．何故この研究が行われたか，どのような意義があるのかが分かるように，読者を導く役割をもつ．そのため，長く書く必要はなく，ライフサイエンス系の英文原著論文の場合は，A4判2ページ以内が多い．

材料と方法

　科学論文の一つの目的は，その成果を社会で分かち合うことである．そのためには，結果が再現できなければならない．材料と方法 Materials and Methods の項目は，誰が実験しても同じ結果が出るように書かれている必要がある．
　たとえば，山中伸弥の iPS 細胞作成には，特別な技術上の秘密はない．正常細胞に4種の遺伝子を導入すれば，どこでも誰にでも再現できる．iPS 細胞が高く評価されたのは，技術にあるのではない．分化した細胞が受精したばかりの細胞に逆戻りすることを想像できたかどうかであった．

誰も考えなかったようなことを可能にした山中の方法は、発表後直ちに、世界各国で追試確認された。

再現できるように書くといっても、どこまで詳しく書くかは、論文のレベルによって異なる。卒業実験であれば、料理の本のように、詳しく書くべきであろう。『ネイチャー』のような最先端の速報誌では、スペースが限られているため、技術の骨子だけに限られる。事実、最初のクローン動物、ドリーを作った論文には、ごく簡単に実験方法が記載されているだけであった。それでも、世界中で追試されたのは、iPS細胞と同じように、衝撃的な発想の転換であったからだ。

結　果

結果 Results の項には、実験あるいは調査で得られた事実だけを正確に書く。スムースに理解できるよう、実際にデータを得た順序から離れて、論理的な流れに沿ってデータを並べかえる。テーマごとに、見出しをつける。最初にその項目で何が問題にされ、何が分かったかを示すトピック・センテンスがあると分かりやすい。

データを分かりやすく説明するためには、図と表が重要である。どのように図表にまとめるかによって、論文の説得力が決まる。主張したい点が明確に示されるよう、図表の作り方を工夫する。複雑な図、細部にわたる表は、説得力をもたない。図表は、コンピュータにより、簡単に作成できるようになった。さまざまなデザインも使えるようになったが、装飾過多の図、複雑な立体図などは、使うべき

ではない.データは統計的処理を加え,有意性検定を行う.

図表のデータから何が結論できるかを,本文でもきちんと説明する.ときに,図を見れば分かるだろうと言わんばかりに,1,2行しか説明を加えない学生がいるが,内容を正確に理解してもらうためには,それなりの説明が必要である.

考 察

事実と意見を分離するという原則にしたがって,事実は結果で述べ,データの考察と自分の意見は,考察 Discussion で述べる.考察の項は,上述したように,正三角形の構造で記述を進める.まず最初に,全体の研究成果を数行でまとめる.次いで,パラグラフを変えながら,個々の結果について,文献的考察を加えながら,自分の意見を述べる.考察対象を変えるたびに,見出しとトピック・センテンスがあるとよいだろう.考察の最後には,将来への展望を書く.

考察の長さは,論文の種類によって異なる.卒業論文のように勉強の成果を示す論文であれば,考察は詳細にわたってもよい.専門誌に出す原著論文であれば,長いスペースは与えられないので,重要な問題の考察にとどめる.

実際に論文を書くとなると,序論と考察をどのように書き分けるかが問題となる.私は,両者に書くべき項目を,1枚の紙に書き出し,序論に書くことと,考察に回したほうがよい項目を仕分けするようにしている.

文 献

　研究の背景，実験方法，データの考察をするときには，必要な文献を引用する．卒業論文では，勉強の成果を示すため，たくさんの文献を引用してもよいが，専門誌に発表するときは，必要最小限の文献の引用に限られる．もし，よい総説があれば，一つの引用でその分野をカバーすることができる．文献は，EndNote という論文管理ソフトを用いると，論文検索，整理，文献欄作成が容易にできる．

総説を書く

　学問が急速に進展し，しかも，いくつもの分野と関連しながら，複雑に発展しているとき，研究の意義と方向性を示すような総説 review article が必要となる．

　総説を書くのには，二つの条件がある．一つは，そのテーマにおいて重要な役割を果たした人が書く総説，他は，そのテーマに関して，新たな発展を生むようなコンセプトを提示できるような総説である．

　私の研究分野で言うと，西塚泰美(にしづかやすとみ)（元神戸大学学長，1932－2004）が1990年前後に『ネイチャー』『サイエンス』などに発表した一連の総説は，まさにそのよい例であった．彼自身が発見したCキナーゼ（タンパク質リン酸化酵素の一つ）の細胞膜における役割を明らかにしたこれらの総説により，われわれは，細胞のシグナル伝達の意味を知ることができた．西塚泰美の論文が，その当時もっとも多く引用されたのは，上の二つの条件を満たしていたためである．

4. 申請書を書く

　申請書を書くのが好きな人はいないだろう．通らなければ，研究あるいは事業をやめなければならないような深刻な事態に陥るかもしれないのだ．日本の科研費の採択率は20-30％であるが，アメリカのNIH (National Institute of Health) グラント (R01) は6-8％にすぎない．宝くじよりは確率が高いにしても，「当たる」といいたくなる気持ちも分かるというものである．それだからこそ，申請書は，ベストを尽くして書かねばならない．

　研究費の申請書には，次のような項目が要求されていることが多い．
　研究課題，研究分野，キーワード
　申請者，共同研究者
　研究概要
　研究目的
　研究計画と方法，年度計画
　研究準備状況
　研究経費とその詳細
　他の研究費の取得，申請状況
　発表論文
　波及効果
　生命倫理，法律の遵守
　申請書を読むのは，審査委員だけである．したがって，申請書は，審査委員を最大に意識して書く必要がある．第

5章で詳しく述べるように、審査委員が一番気にしている次の3点を明確に示すことが大事である.
　①申請内容は、プログラムの目的に合致しているか
　②申請された課題は実施するだけの価値があるか
　③採択した場合、間違いなく実行され、目的を達することができるか
　この3点を説得力をもって説明できない申請は、採択される見込みがない.

　研究費の申請であれば、科学的な意義が具体的に、かつ説得力をもって書かれていなければならない. そのテーマをなぜ選んだか、これまでの研究歴、実績の中で説明できないと、申請の必然性が理解できないことになる. 独創性は、もっとも重要な判断基準である. その分野の専門家であるピア・レビュアーは、単に流行に乗ったような研究テーマを高く評価することはないであろう.

　公的事業に対する補助金の申請であれば、設定された政策、プログラムと申請内容の間の整合性が、第一の審査基準となる. たとえば産学官連携プログラムであれば、研究面だけではなく、その成果がいかに地域の産業に貢献するか、自治体とどのように連携を進めるかが、説明されていなければならない.

　申請者あるいは申請内容について、審査委員が前もって何らかの情報をもっていてくれれば（それがよい情報であれば）、有利に働くであろう. そのためには、普段からの活動が重要になる. 学会発表、論文発表、社会への情報発信などの活動を、常に続けている必要がある.

規定を守る

申請書には，いくつも規定がある．それらはきちんと守らなければならない．
- 提出期限
- 字数制限
- 枚数制限
- 予算上限
- 申請者の制限事項（年齢，職など）

提出期限は絶対に守らなければならない．申請書は，たとえ1時間遅れでも，受け付けてもらえない．字数制限，枚数制限，予算上限を超えた申請は，審査にまわらない．このような項目を事務的にチェックするシステムを整備しておくのも大事である．

グラント申請10ヵ条

アメリカの『ザ・サイエンティスト』はグラント申請の10ヵ条として，次の項目をあげている．[53] 大部分は，これまでに述べたことであるが，いかにもアメリカらしい忠告もある．この記事の副題，'Sure, you need a good idea. But it's more than that.' は，アイデアだけでは不十分なことを示している．

1. Do some sleuthing：審査員の興味を探る
2. Market yourself：学会などに積極的に発表し，研究を売り込む
3. Sleuthing part deux：資金提供者側の次の方針を探

第4章 説得力のあるドキュメントを書く   87

る
4. Make a schedule：時間に余裕をもって作成する
5. Draft an outline：最初に全体から細部にわたる構想を練る
6. Follow directions：すべての規定を守る
7. Think about aesthetics：美しく仕上げる．強調するところはボールド体．パラグラフ間は1行空ける
8. Use paragraphs：パラグラフにより論理を展開する．それぞれのパラグラフには，一つのテーマが入る
9. Highlight important points：メッセージは，redundantにならない範囲で繰り返し主張する
10. Edit, edit, edit：申請書を別の目で見る"red-team"による"honest critique"が重要

なお，アメリカの競争的資金の申請と審査については，菅裕明（東京大学先端科学技術研究センター）の著書に詳しい．[54]

5．説明書を書く

コンピュータの電源を切ろうとしたら，次のような文章が画面に現れた．

0X77012526の命令が0X0000000のメモリを参照にしました．メモリがreadになることができませんでした．

この文章はひどすぎる．そもそも文章といえるような代

物ではない．この文を理解できる人は，書いた人も含めて，誰もいないであろう．

今までの経験からいうと，一番分かりにくい説明は，コンピュータの画面に出てくる注意文章である．「0X77012526の命令」といわれても，その説明がないのだから，分かりようがないというものである．コンピュータ技術者は，どういう教育を受けているのであろうか．

コンピュータを除けば，説明書は，ずいぶん分かりやすくなった．家電製品の説明も，ホームページに出てくる説明も，分かりやすく書いてある．携帯電話の説明書は，携帯電話そのものよりも重いくらいだが，最小限必要な説明と詳しい説明が分けてある．

おそらく，コンピュータ以外の製造企業には，説明文を書くための部署があり，技術者を徹底的に教育しているのであろう．説明書が分かりにくいために消費者がけがをしたりしたら，たちまち製造物責任法で処罰されるのだから，企業も一生懸命のはずである．それにしても，コンピュータ会社が，理解不能な文章をいつまでも流しつづけているのは理解できない．

お手本は料理の本

模範的な説明書は，料理の本ではなかろうか．どんな本でも要領よく，分かりやすく書いてある．本棚にあったリヨンの三つ星レストラン，ポール・ボキューズの分厚い料理書に目を通してみたが，相当に難しい料理も要領よく書いてあった．料理の場合，説明が悪いと結果がすぐに分か

ってしまうのだから，誰が読んでも分かるよう書かねばならない．説明書を書こうという人は，すべからく，料理の本を参考に，どのように書けば間違いなく理解してもらえるかを学ぶべきである．

6．一般向け解説書を書く

2009年11月，行政刷新会議が行った事業仕分けにより，わが国の科学は危機的状況に陥った．「この研究は国民の役に立つのですか」「スパコンは世界2位ではいけないのですか」などの質問をした仕分け人たちは，主語を自分たちに変えてみれば（たとえば，「民主党は，国民の役に立つのですか．民主党は2位ではいけないのですか」），このような質問が，いかに一方的であるかが分かろうというものである（やはり，主語は大事だ）．

研究者たちは，当然，事業仕分けに反発したが，同時に，社会に理解してもらうための努力が足りなかったのではないかという反省が生まれた．私は，そのころ毎月1回連載していた『読売新聞』のコラムに，次のような寄稿をした．[56]

もしかしたら恋をしてしまったのかも知れないと思うほど，毎晩のように，白いスーツ姿の蓮舫(れんほう)さんが夢の中

＊『ネイチャー』は，事業仕分けを速報で伝えた．そのタイトルは，'Japanese science faces deep cut'（「日本の科学は深刻な予算カット」）および 'democratic fallacy'（「誤った民主主義」）であった (55).

に現れました.「事業仕分け」から一月以上たった今,少しは気持ちも収まり,夢に見ることはなくなりましたが.

　科学予算に対する「仕分け」は随分乱暴でしたが,落ち着いて考えると,われわれの側にも反省すべき点がありました.政策立案者と科学者の両者に透明性と説明責任が不足していたのは確かです.……（科学者たちは),専門分野に閉じこもり,分からない方が悪いとばかり,研究の意義と成果を世の中に説明することを怠っていました.一般の人々から見れば,研究者は,大金を使い,自分の好き勝手なことをしていると思われていたのではないでしょうか.研究者は国民の税金を使う責任を自覚し,社会の理解を得るよう努力しなければならないと思います.

　科学の成果を社会に理解してもらうための活動 (outreach) は,すべての学問分野において,これまで以上に重要になってきた.アメリカの研究費は,予算の一部をアウトリーチに充てることを義務づけている.日本でも,3000万円以上の研究費をもらっている研究者には,小中学校での「出前授業」などを義務づけようという方針が総合科学技術会議から発表された.

一般向け文章の注意
　正直に言って,大学教授など専門家の中には,相手が理解してくれるかどうかなど,お構いなしに文章を書き,話

をする人が少なくない．それは自然科学に限ったことではない．文学，法律，経済などでも同じである．専門家にとって，専門家を相手に，専門についての文章を書き，話をするのは，それほど難しいことではない．しかし，一般の人が対象となると，よほど工夫しないと分かってもらえない．少なくとも，次のような注意が必要である．

- 専門用語はできるだけ使わない．
- 横文字，カタカナはできるだけ使わない．
- 背景をていねいに説明する．
- 具体的に話す．
- 分かりやすい「たとえ」を用いる．
- 分かりやすい図を作る．
- 日常生活との結びつきを示す．

　専門用語を使わないで説明するのは簡単でない．学問は，正確に定義された専門用語の積み重ねの上に築かれている．しかし，専門用語を普通の言葉に置き換え，やさしく説明するのは決して不可能ではないはずである．

　たとえば，私がプログラム・ディレクターをしている「世界トップレベル研究拠点」(WPI) の一つ，東京大学数物連携宇宙研究機構 (IPMU) のホームページを見てほしい（「IPMU ＞ 広報 ＞ はてな宇宙」で検索する）．宇宙に関する高度の専門知識，たとえば，暗黒エネルギー，ニュートリノ，ひも理論などを，専門家が1分間で分かりやすく説明している．

バラが咲いた

　私は,東大を定年で辞めるとき,祝賀パーティで本を配れたら格好がよいと考え,『がん遺伝子の発見』という中公新書を書いた.[57*] そのとき心がけたのが,上記7項目である.幸い,がん遺伝子だけでなく,遺伝と遺伝子について分かりやすい解説書という評判をもらい,版を重ねることができた.たとえば,遺伝暗号の説明では,マイク真木の『バラが咲いた』を例に,説明した.

　バラガ　サイタ　バラガ　サイタ　マッカナ　バラガ
　サビシ　カッタ　ボクノ　ニワニ　バラガ　サイタ

　この歌は,歌詞が3文字ずつ区切れるので,4つの塩基(略号ATGC)のうちの3つの塩基の組み合わせで,アミノ酸が決まることを,さらに,点突然変異,フレームシフト型変異なども分かりやすく説明できる.

　科学上の単位は,想像できないほど大きかったり(天文学),あるいは小さかったり(ナノテク)する.このようなときは,普通の感覚のスケールに直せば分かりやすくなる.たとえば,大きさ10ミクロンの細胞核の中には,伸ばすと1メートルのDNAの二重らせんが2本収まっている.この数を1000倍すると,直径1センチのボールの中に,合計延長1キロメートルのひもが収まっていることになる.ゲ

---

*1998年,私は日本癌学会の学術賞である「吉田富三賞」を受賞した.授賞理由に,研究上の功績に加えて,「優れた著作により人々の癌研究への理解を深めた」とあったのがうれしかった.

ノム上の32億対の塩基も,『文藝春秋』400年分の字数というと, いかにすごいかが分かるであろう.

　図, 表, 写真などにより, 視覚的に訴えるのも大事である. 複雑な関係を, 模式図を使って分かりやすく説明する. 漫画, 文学など, 一見関係のなさそうな資料によって, 親しみやすい紙面を作る. などなど, 工夫を重ねることが重要である.

　科学解説書の最高傑作の一つは, 東大・IPMU (世界トップレベル研究拠点) 拠点長の村山 斉が書いた『宇宙は何でできているのか』であろう. 10^{27} メートルの宇宙から 10^{-35} メートルの素粒子までを統一的に, 分かりやすく, 面白く書いたこの本を読んだ人々は, 宇宙の神秘にとりつかれたのではなかろうか. 2010年の新書大賞に選ばれただけのことはある. このような本が売れていること自体, わが国の知的水準がいかに高いかの証拠でもある.

7. エッセイを書く

　エッセイを頼まれることがある. 自分の専門に関係したテーマのこともあれば, 趣味あるいは日常的な内容を書くこともあろう. 論文や, 申請書とは違い, エッセイとなれば, かなり自由に, のびのびと書けるはずだ.

　エッセイを書くときには, 起承転結を意識したほうが上手に書くことができる. 書き出しの文章にも気を使おう. 面白く, 分かりやすく, 平易な文章で書く. 自慢話はさりげなく (書いたつもりである). ユーモアのセンスも大事だ.

楽屋落ちになるような文章，いいわけなどは書かない．たとえば，

- 依頼されたので，
- 文才がないので，
- 私のような素人が，
- その任にもないのだが，
- 600字でどこまで書けるか分からないが，
- そろそろ紙面もつきたので，
- お粗末な内容をお許しください．

エッセイで大事なのは，読後感である．さわやかな印象が残るような文章を書きたいものである．

8. 官僚が書く

三島由紀夫が，大蔵省に勤務していたとき，大臣の演説の原稿を書かされたことがあった[18]．

> 私はごく文学的な講演の原稿を書いたのでありますが，それははなはだしく大臣の威信を傷つけるものでありました．課長は私の文章を下手だと言い，私の上役の事務官が根本的にそれを改訂しました．

「大臣の威信を傷つけるような文学的な文章」とはどんなものだったのか．同じく大蔵省勤務の経験のある野口悠紀雄によると，それは，全国貯蓄推進協会の大臣挨拶の文章であったという[45]．

第4章 説得力のあるドキュメントを書く

笠置シヅ子さんのような面白い方が，面白いお話を面白くなさったあとで，私のような禿げ頭が，つまらない話をつまらなくお話しするのは大変心苦しいのですが……

確かに面白いが，これでは課長が了承するわけがないだろう．因みに，そのときの課長は，後に大蔵大臣になる愛知揆一（1907−1973）であった．彼は，三島の文学的才能（大臣挨拶文ではないであろう）を見抜き，文学への転身を薦めたという．

三島由紀夫はさらに続ける．

（上役によって改訂された文章は）私が感心するほどの名文でありました．それには口語文でありながら，なおかつ紋切り型の表現の成果が輝いていました．そこでは，すべてが，感情や個性的なものから離れ，心の琴線に触れるような言葉は注意深く削除され，一定の地位にある人間が，不特定多数の人々に話す独特の文体で綴られていたのであります．

反骨の作家，井上ひさし（1934−2010）は，官僚の精神像について，次のように述べている．

（わかり切ったことをわざわざ）むずかしく表現して国民を煙に巻き……それによって自分たちを堂堂として，おごそかで，いかめしい存在に見せたがる人たち．

法律をよく知っている官僚は，どこから突っつかれても大丈夫なように，常に逃げ道を作っておく．文章には，拡大解釈ができる道を残す．対象には「等」をつける．「等」には，状況により，ゼロから無限大までの可能性が秘められている．縦割り組織の中で，官僚は他省庁の管轄を侵すようなことはしない．知的三原則《簡潔・明解・論理的》など，彼らから見れば，危なっかしくて見ていられないであろう．弁解の余地がないとなれば，責任を取らねばならないからだ．

　われわれが，官僚の文章から学ぶべき点は，
- 法律的に問題がなく，
- 解釈に自由度があり，
- どこからも文句のつけられない，
- スキのない，

書き方ではなかろうか．

9. 仕上げは念入りに

　論文，申請書などを一発で仕上げようなどと思ってはいけない．どんなにうまく書けたと思っても，最後まで手を抜かないで仕上げる努力をする．

大事な"editing"
　仕上げのプロセスを，英語でeditingという．日本語では，いくつものドキュメントを一つにまとめることを「編

集」といっているが,『オックスフォード英語辞典』には,それに加えて, prepare written material for publication by correcting, condensing, or otherwise modifying it という説明がある.

論文や申請書が一応できたら, editing の工程に入る.
- プリントアウトして,繰り返し読み直す.
- 不必要なところを除き,スリムにする.
- パラグラフによる論理の流れに注意する.
- 分かりにくいところを書き直す.
- 他の人に読んでもらう

谷崎潤一郎が薦めているように,声に出して読んでみるのも,有効である[17](47ページ).声に出して読むと,文章のリズム感もはっきりしてくる.リズム感のよい文章は,抵抗がなく読め,分かりやすい.

仕上げは,書き上げてから少し時間をおいて行ったほうがよい.書いたばかりのときは,しがらみが残っているため,なかなか思い切って直せないことがある.

村上春樹の "Edit, edit, edit"
村上春樹は,『1Q84』のなかで,自身の editing を,物語の主人公に次のように語らせている[60].

彼はその文章を紙にいったんプリントアウトした. ……鉛筆を片手にもう一度念入りに読み返した.余計だと思える部分を更に削り,言い足りないと感じるところを更に書き足し,まわりに馴染(なじ)まない部分を納得がいくまで

書き直した．浴室の細かい隙間(すきま)に合ったタイルを選ぶように，その場所に必要な言葉を慎重に選択し，いろんな角度からはまり具合を検証する．……ほんのわずかなニュアンスの相違が，文章を生かしもし，損ないもする．

Editing にあたっては，コンピュータ画面からいったん離れ，紙にプリントアウトするほうがよい．再び，『1Q84』から引用する．

ワードプロセッサーの画面と，用紙に印刷されたものとでは，まったく同じ文章でも見た目の印象が微妙に違ってくる．鉛筆で紙に書くのと，ワードプロセッサーのキーボードに打ち込むのとでは，取り上げる言葉の感触が変化する．両方の角度からチェックしてみることが必要だ．

同じように，横書きで書いた原稿を，縦書きに印刷し校正しているとき，行間からにじみ出る雰囲気，意味合いが，微妙に違っているのに気がつくことがある．

専門外の人に読んでもらう

論文，申請書を書き終えたら，専門家と専門外の人に読んでもらう．専門家は，専門の立場から，大事な点，細かな点まで，的確に指摘してくれるであろう．しかし，専門的な内容だけが問題なのではない．文章が分かりやすいか，論理展開に無理はないか，メッセージは正確に伝わるかな

ど，一般的な問題を，鋭く指摘してくれるような専門外の人のコメントも貴重である．

他の人の忠告を受け入れるのには，何よりも自分自身が謙虚でなければならない．その点，自尊心と自信が強い大学教員のなかには，他の意見を素直に受け入れることができない人が少なからず存在する．科研費申請書の事前査読制を導入しても，ごく一部の人たちが利用してくれるにすぎなかった．

論文や申請書が採択にならなかったときには，なぜ落ちたのかを客観的に検討する．そのためには，申請書に経験のある人に読み直してもらうことだ．問題点に気がつかないと，いつまでも同じ失敗を繰り返すことになる．

10. 3行にまとめた大事なこと8点

論文，申請書，解説書のようなドキュメントは，知的な仕事の中で，相当に重要な位置を占めている．その出来不出来によって，仕事が左右されるのだ．ドキュメント執筆には，十分時間をかけねばならない．

① **目的とメッセージを明らかにする**

何を，誰に伝えたいか．メッセージを明確にし，説得力ある文脈の中で展開する．前章で述べた知的三原則《簡潔・明解・論理的》が，ドキュメント作成の基本である．

② **プログラムの目的を知る**

申請にあたっては，応募要項をよく読んで，プログラム（事業）の目的を十分に理解する．提出期限，字数制限

などの規定を守る．

③ **事実と意見を分ける**

事実は事実として，正確に記述する．事実の解釈，仮説，将来の展望などは，事実と峻別し，考察などの項目で書く．

④ **審査委員を意識して書く**

論文も申請書も，最初に読むのは審査委員である．審査委員は，審査のプロである．詰めの甘いところは，簡単に見破られてしまうであろう．

⑤ **原著論文は英語で書く**

原著論文を日本語で書いても国際的に認められることはない．必ず英語で書く．レベルの高い専門誌に投稿することを目的に仕事をする．

⑥ **タイトルと要約が大切**

論文でも申請書でも，審査委員と読者はタイトルで第一印象をもち，要約で内容の概要を知る．タイトルと要約は最後まで慎重に検討する．

⑦ **仕上げは念入りに**

ドキュメントができたら，関係者および専門でない人にも読んでもらう．専門的な事柄に加えて，表現方法，論理の展開など一般的な問題を指摘してもらう．

⑧ **一般向けの文章を書く**

市民の理解が科学・技術を支えてくれる．専門家は，一般の人が分かるよう，専門用語を避け，やさしく，市民向けに書き，話す機会をもつことが重要である．

第5章 審査する．評価する．推薦する

> 好き嫌いを交えぬ評価のあるゆえに科
> 学はある面のわれを支うる
> ──永田和宏[61]

　正直に言って，審査・評価はできたらやりたくない仕事である．一生懸命研究した論文を却下したり，これから挑戦しようという若い人の申請に厳しい意見をつけたりするのは気が進まない．しかも，相当の時間とエネルギーを必要とする審査・評価は，自分自身の仕事にも支障をもたらしかねない．しかし，知的コミュニティはお互いの厳しい審査と評価というピア・レビュー制度によって，その高いレベルを維持しているのだ．そのことを忘れてはならない．

1．ピア・レビュー，利益相反，利害関係

　当然のことながら，審査は厳正でなければならない．そのための制度として，ピア・レビューが導入され，それによって科学が発展してきた．歌人であり，科学者である永田和宏は，審査委員の個人的な好き嫌いを交えずに評価される科学が自分のよりどころであることを歌に詠んだ（本章エピグラフ）．

ピア・レビュー

審査,評価する人は,大きく二つに分けられる.一つは,その世界で功成り名を遂げたような人である.そのような人はすでに現役を離れているので,大所高所から公平に物事を見ることができる,という期待がある.権威ある賞の選考委員会には,大御所の名前が並び,賞そのものの権威付けにも一役を買っている.

もう一つの審査委員は,今まさに活躍している専門家である.それだけに,問題点を正確に理解しているし,厳しい審査・評価が期待できる.このような審査を「ピア・レビュー」(peer review)という.『オックスフォード英語辞典』によると,peer とは person of the same age, status, or ability as another specified person のことである.この場合,ability が一番ふさわしい説明になる.日本語の辞書には,同僚,同輩,仲間などと訳されているが,正確でない.もし,ピア・レビューが「仲間うちの評価」などと訳されたら,とんでもない誤解を生むことになる.

わが国最大の研究資金の審査配分機関(Funding agency)である日本学術振興会(以下学振)は,「科研費審査の手引き」のなかでピア・レビューについて,次のように記載している.

> 学術研究は,研究者コミュニティが自ら選んだ研究者(ピア)が,科学的良心に基づき,学術的価値について,評価・審査するピア・レビューにより発展してきました.

科研費の審査も,このピア・レビューにより行われます.審査委員に選ばれた方々は,すでに科研費等の取得を通して,学術研究のあり方について十分な見識を持ち,ピア・レビューアーとして相応(ふさわ)しい方々であります.ピア・レビューの意義を十分に理解して審査に当たってくださいますようお願いします.

ピア・レビューは,科学の重要な一面である.その意味で,科学者たるもの,ピア・レビューを頼まれたときには,少なからぬ負担になるにしても,一つの義務として責務を果たさなければならない.それは,学問と社会への貢献であり,恩返しでもあるのだ.

利益相反

同じ分野の同じような立場の人が評価をするピア・レビューは,同時に一つの問題を内包している.すなわち,利益相反(conflict of interest)である.審査委員の利益相反について,学振の「手引き」は次のように述べている.

科研費の審査委員は,公的研究費の配分に関わるという公的な立場と同時に,一人の研究者としての立場にもあるため,それらの立場が相反するという緊張関係,即ちいわゆる「利益相反(conflict of interest)」の状態に入ることになります.このような「利益相反」は,「利益関係」とは異なり,審査委員になることによって誰もが直ちにその状態に入るものでありますので,そのことを十

分に自覚しながら公平で公正な審査を行う心構えをもって頂くことをお願いいたします．

　この考え方は，一般に考えられている「利益相反」とは，少なからず異なっている．一般には，利益相反＝利害関係という認識のもと，利益相反そのものを問題視してきたし，現にそのように考えている人が多い．しかし，ここでは，一人の人間が中立性を要求される公的な立場にあるとき，必然的にあり得る「状況」として，利益相反を理解している．したがって，利益相反そのものが悪いわけではない．公的と私的という二つの立場の間で緊張状態にあることを自覚して審査にあたることが大事であると，われわれは考えている．

利害関係
「利益相反」は「利益関係」あるいは「利害関係」とは異なる．利害関係のある人については審査しないというのは，審査の常識である．科研費の審査の場合は，最初に利害関係者を申請し，審査対象から除外することになっている．

　どこまでを利害関係者とするか，その線引きは，意外と難しく，個々のケースについては判断に迷うことがある．科研費の審査において利害関係者としているのは，申請者と親族，共同研究者，同一研究室，師弟関係など，密接な関係にあるときである．単に同一の大学，学部，学科に属するだけでは，利害関係者にあたるとは限らない．しかし，研究費に伴う間接経費が所属機関に配分されるようになっ

たため，所属機関の管理者（学長，学部長など）を利害関係者に含めるべきであるという議論もある．

一方，論文，研究費の審査を受ける立場からの利害関係者（この場合は「害」のほう）の排除申請が，認められている場合がある．すなわち，研究上の競争相手に，申請の内容がすべて分かってしまうのを避けるため，利害関係者を審査委員に選ばないよう申請できるようにしている．ただし，判断は審査側に一任されているし，個別の申請に対する審査委員は公表されない．

2．審査する人，評価する人

審査と評価には責任を伴う．重要な提案を見逃したりしないよう，無意味な申請を採択しないよう，審査委員は結果に責任をもたなければならない．誤った審査をすると，審査全体の信頼性に関わることになる．

情報公開が常識になった今日，審査委員名簿は審査終了後に公表されることが多い．審査・評価された人たちは，審査・評価した人たちを注視する．審査し，評価することは，審査され，評価されることでもあるのだ．

審査の検証

審査委員になると，一段と偉くなったように勘違いする向きがあるかもしれない．しかし，ピア・レビューの精神から分かるように，審査委員は，その分野の専門家の一人として意見を求められているのである．ピアの立場から，

公正かつ公平に審査することが何よりも大事である.

よい審査をするためには, よい審査委員が必要である. 審査委員の質の保証が, 審査の質を保証する. 学振・学術システム研究センターでは, 科研費審査の質を保証するため, 6000人にのぼる審査委員の審査結果をすべて検証している. あまり知られていないが, 審査委員もまた審査されているのだ.

検証の視点は次の3点である.

・利害関係者の判断についての適切性

・評点の適切性

・コメントの適切性

検証の結果, ピア・レビューアーとしての適切性について重大な疑義が出た場合は, 次年度から審査委員にお願いしないことにしている. なかには, 審査委員にならないですんだので, 得したように思う向きがあるかもしれない. しかし, ピア・レビューアーとしての適切性への疑義は, ピア・レビュー制度によって成り立っている科学コミュニティの一員としての資格への疑義でもある.

念のために付け加えれば, 以上のような項目に該当する人は, ごくごく一部である. ほとんどの審査委員は, 貴重な時間を使って, 科研費を正確, 公正に審査している.

申請疲れ, 評価疲れ

申請書をまとめ, 評価資料をそろえるのは, 本当に大変である. 申請書はせいぜい20ページ以内のことが多いが, それでも何人もの人が集まり, 草案を作り, 修正を加えな

がら完成する．このような申請書を年に何回も出していると，本来の仕事の時間はなくなってしまう．

組織評価は，準備が大変である．大学の教職員は，本来の仕事である教育と研究の時間を犠牲にして，評価資料を作るのに追われているのが現状である．この状況から脱却するためには，評価項目を単純化し，本当に大事な事項の評価にしぼり込むことである．すでに，評価を受けるほう，評価するほうの双方が，深刻な「評価疲れ」に陥っている．

審査委員の正直な告白

私は，これまでおよそ30年間にわたり，論文や申請書の審査を行ってきた．正直に告白すれば，責任を感じながらも，こんな大変な仕事は早く終わらせたいと，申請書の入った段ボール箱を横目で見ながら，書類を読んでいる．

週末をつぶし，毎晩遅くまで審査をしていると，頭は働かなくなるし，だんだん疲れもたまってくる．審査を受ける人は，知的三原則にしたがい読みやすく，分かりやすい申請書を書いてほしい．申請者の主張が，疲れている頭にもすっと入り，何の抵抗もなく理解できるような申請書を読みたいものである．

ほとんどの審査委員は，老眼鏡をかけている．細かい字の申請書を長い時間読んでいると，目が疲れてくる．文字がかすみ，行を追えなくなる．しかし，申請者は自分のことを知ってもらうのに一生懸命で，審査委員の目のことなど考えてくれない．用紙いっぱいに，細かい字で書いた申請書にあたると，最初から読む気がなくなるというもので

ある.

『ザ・サイエンティスト』誌がいうように，ほとんどの申請書は "relatively long and extraordinary dense because everybody writes about their expertise" である[53]. たくさん書きたいのはよく分かるが，extraordinary dense な内容では，読むほうも大変である. この記事には，adding a space between each paragraph というグラント申請のときの注意も記されている. 確かに，パラグラフ間を1行空けてくれれば，読むほうはずいぶん楽になる.

審査委員は老眼鏡越しの疲れた頭で，将来性を見出し，あるいは問題点を発見し，採択の結論を出す. 彼ら／彼女らは審査のプロなのだ.

3. 論文を審査する

論文を審査するときの視点は，次の5点である.
①発表するだけの価値がある新しい研究成果か.
②研究データは，確かな材料と方法によって出されたものか.
③データの統計処理，図表，引用論文等に間違いがないか.
④論文は，分かりやすく論理的に書かれているか.
⑤結論は，データから論理的に導き出されたものか.

論文には，相当に高い完成度が求められている. そのすべてを満足するような論文を書くのは容易ではない.

もっとも大事な審査基準は，「発表するだけの価値があ

る新しい研究成果か」である．既知の事実にほんの少し新しい知見を追加しただけだったり，意味のない現象を追っかけただけの研究であれば，却下するほかない．

　論文の基礎となっているデータは，特に詳しく読み込む．実験分野の論文であれば，実験方法が的確か，データの統計処理が行われているか，結論はデータから正しく導かれたものかなどが，審査の一つの要点になる．人文，社会科学系では，解くべき課題の設定，課題に対する推論とその実証が，審査の対象になるという．ピア・レビュアーであればこそ，細かい点にも目が届く．追加実験が必要であれば，その旨指摘する．

　前章で紹介した超伝導実験の捏造が判明した一つのきっかけは，いくつかの論文に使われていた曲線のノイズが一致したことであった．[49] 審査委員は，あらゆる観点からデータを読む必要がある．

審査報告

　論文審査の報告には，一つの決まりがある．最初に，論文の要旨，意義などを短く書き，続いて審査結果の結論を書く．次に，審査結果を具体的に記す．まず，重要な問題点 (major issues) を指摘し，続いて，細かい問題点 (minor points) について述べる．問題点を指摘するときには，たとえば，page 14, paragraph 3, lines 4-7と，場所を明確に示す．

　審査意見は，当然のことながら，投稿者によって注意深く読まれる．特に，却下の場合は，その理由となった問題

点を説得力をもって指摘する必要がある．いい加減なコメントで却下した場合，投稿者から再審査を要求されるであろう．

原著論文は，英文で書くのが原則である．したがって，論文の審査も英文で書くことになる．論文の投稿，審査，審査結果に対する回答に至る一連の英文については，前著『科学者のための英文手紙の書き方』に多くの例文をあげて，解説した．[62]

4．申請を審査する

前章で述べたように，研究費，事業計画などの審査にあたっては，次の3点に注意する．
①申請内容は，プログラムの目的に合致しているか．
②申請された課題は実施するだけの価値があるか．
③採択した場合，間違いなく実行され，目的を達することができるか．

研究費の申請であれば科学的な意義が，公的事業に対する補助金の申請であれば政策，プログラムに対する貢献が，審査の重要項目となる．

実現可能性
申請内容の価値判断に次いで，実現可能性（feasibility）が重要な判断基準となる．研究費の申請であれば，研究計画，研究方法，準備状況などの項目をていねいに読んで，実現可能性と実行力を探る．発表論文など，信頼できる実

績があれば安心できる．発表論文のない申請者，実績のない研究者の提案は，採択するときに躊躇する．実力が分からなくとも，本当に魅力あるテーマ，独創性に富んだテーマであれば，審査委員はそれに賭けてみようかという気になるであろう．実力以上の，あまりに野心的なテーマは，実現性が疑問視され，採択されない．

　情報があふれている今日，どういう研究が求められ，そのためにどういう実験をすればよいかは，少し考えれば，誰でも似たような結論に達するであろう．審査委員は，申請テーマの必然性，実現性について判断し，単に流行を追いかけただけのテーマかどうかを見極める．

　審査は得てして，短期的な目標を追いがちである．そのため，すぐに成果が期待できる研究を選ぶ傾向がある．しかし，申請の中には，すぐには成果が上がらなくても，将来「大化け」(transformative) するような研究，研究分野の融合により新しい領域を開拓するような研究などもある．そのような萌芽を見失わないよう，長期的な視点をもって審査しなければならない．審査委員の責任は重い．

Making the cut

　2010年，『ネイチャー』は，米国がん協会 (American Cancer Society) の審査の様子を報告した[63]．普通は入れない審査委員会だが，審査委員と申請者の名前を明かさないという条件で，『ネイチャー』の記者に傍聴が許可された．その報告は，Making the cut（日本語版タイトル「研究助成金の申請は，こうして落とされる」）として報告された．

この報告によると，採択率が3分の1のとき，審査過程はうまく機能し，最高の研究を選出できるのだが，20%を割り込むと，審査過程は崩壊し，落とすためのあら探しの場となってしまうという．実際，この審査会は，23件の応募に対してわずか2件（9%）が採択されるという厳しい審査であった．審査経過の記述を読むと，いかに厳しい審査が行われているかよく分かる．

　審査委員会の副委員長は，申請者に対するアドバイスとして，さまざまな視点による申請書を作り，同僚の研究者に評価してもらう，審査過程のシミュレーションを行うことを薦めている．そして，委員長は次のように述べた．

　本当は実力のある研究者が，助成金を得るため，こんなに苦労しなければならないなんて悲しいことです．結局のところ，助成金申請審査は，不完全な過程に終わっています．でも，我々はそれほどまずい仕事はしていないと思いますよ．

　この考えは，審査に関わっている人々に共有されているのではなかろうか．「審査結果は100%間違いないか」と問われれば，われわれは，正直のところ，「イエス」とは答えられない．しかし，「大きな間違いはしていない」ことだけは，自信をもって答えられる．言い訳かもしれないが，審査とはそういうものなのだ．

審査報告書

　審査結果に，採否の理由が示されてくることもあるが，まったく理由なしに，却下の通知だけがくることもある．申請者は，なぜ落ちたのか，割り切れない思いであろう．この点，わが国は遅れていたが，最近になり，ようやく，採択／不採択の理由が示されるようになった．

　その点，アメリカは，必ず，審査結果を書面で知らせることになっており，そのためのガイドラインも発表されている．[64] たとえば，アメリカ最大の医学関係研究資金であるNIH グラントのR 01（個人研究）研究費の申請に対する評価通知には，次の項目が含まれる．

- Significance（重要性）
- Investigator（研究者）
- Innovation（革新性）
- Approach（方法論）
- Environment（研究環境）

　これだけの内容の審査報告を書くとなると，今の日本の審査制度では，審査委員を大幅に増やさない限り無理であろう．

5．評価する

　評価も大変な仕事である．個人評価であれば，その人の将来がかかっている．組織評価が悪ければ，予算が削られたり，トップ人事を含め組織の見直しを迫られるであろう．評価はそれだけ責任が重い仕事だ．

評価するときには，評価の基準を十分に吟味しておかねばならない．評価者によって，評価基準が違えば，結果にもばらつきが出てくる．

研究の評価

研究者の場合，その評価基準は，研究能力と研究成果である．研究成果は，論文によって定量的な評価が可能である．発表論文が多いか少ないか，さらにその論文がどのような専門誌に発表されたかが，最初の判断基準になろう．専門誌は，インパクト・ファクター impact factor，すなわちその専門誌の発表論文が，直近の2年間に引用された平均数によって格付けされる．引用の多い雑誌は，よりインパクトがあるという考えである．『ネイチャー』『サイエンス』などは，30前後のインパクト・ファクターである．

インパクト・ファクターは，専門誌の評価であり，個々の論文そのものの評価ではない．そこで，一つ一つの論文について，引用数を調べるようになった．さらに，論文の量と質を共に示す指標として，"h-index" が考案された[65]＊．たとえば，h-index が50であれば，50回以上引用された論文が50編あることになる．h-index は，確かに便利かもしれないが，研究者の業績が，一つの数値によって格付けされてしまうことには，抵抗感もある．

＊h-index は，研究者の多い分野（たとえば，医学生物学）では当然高くなる．2005年，アメリカ科学アカデミー会員に推薦された医学生物学分野の36名の平均 h-index は57であった（65）．因みに，"h" は，提案者の Hirsch の名に由来する（らしい）．

論文重視の弊害は、その他の視点を見失うことである。教育、社会貢献などはなかなか評価しにくい。外科の教授選考を、論文重視で選んでしまったために、手術のできない外科教授が着任した、という笑えないような話がある。

評価の基準はミッション

私は、評価の基準はミッションであり、評価の姿勢は前向きであるべきと考えている。大学教員の個人評価であれば、教育、研究、社会貢献というミッションにどのように貢献しているかが問題になる。研究費の評価は、研究成果を判断材料とする。

教育拠点、研究拠点、産学官連携拠点など、拠点形成を目的とする事業の評価では、当然、拠点形成というミッションが評価対象となる。よい研究をしてさえいればよいだろうという考えから、拠点形成を二の次にしているところが、大学関係には少なくない。そのような拠点は、評価が低く、継続が難しいであろう。

逆に言うと、われわれは、ミッションを常に意識して、ミッションを実現するために活動することが求められているのだ。それらを、前向きの姿勢で評価してこそ、改善策、活性化策となり、評価結果が生きてくる。

長期間にわたる支援の場合、期間の中間で評価を受けることがある。中間評価(interim evaluation)の結果によって、継続が決められたり、あるいは、予算が増減されたりする。評価を受ける立場からすれば、中間評価は、最終評価よりもかなりの緊張を強いられるであろう。

6. 推薦する

　地位，年齢が上がってくると，推薦を依頼されることがある．自分の学生のこともあれば，同僚のこともあろう．進学，就職，留学，さまざまな機会に推薦状が必要となる．推薦状には，およそ次のような項目が必要である．
- 推薦者は被推薦者とどのような関係にあるか．
- なぜ，推薦するのか．被推薦者の長所を具体的に示す．
- 本人の性格，協調性，コミュニケーション力，問題点など．

　企業から依頼された推薦状であれば，コミュニケーション力が重要な推薦項目となる．古郡廷治によると，アメリカ経営者協会が求める能力は，次の4Cであるという[66]．
- Effective communication（文章と口頭による意思，思考の伝達能力）
- Critical thinking and problem solving（意思決定力，問題解決力）
- Creativity（創造力）
- Collaboration（協働力）

　これらの条件がそろっている完璧な人であれば，問題なく推薦できるし，必ず採択になるであろう．

　推薦を依頼されたら，できる限り，本人と直接会うべきである．学生のときに会っただけであれば，最近の様子を聞き，応募の動機を確認する．推薦状に何を書いてほしいか，主なポイントを書き出してもらう．ぜひとも成功して

ほしいと思うときは，情熱をもって書く．それほど気が進まないときには，あっさりと推薦する．推薦状を受け取った側は，その書きぶりから，推薦のレベルを判断するであろう．

問題は，とても推薦できないような人から推薦を依頼されたときである．問題点を隠して，よいことばかり書いても，いずれ分かってしまう．そのときは，相手にも迷惑をかけることになるし，推薦者自身の信用も失いかねない．結局，正直に書くか，あるいは，推薦状を書くのを断るか，の二つの選択肢しかない．

7. 審査結果にどのように対応するか

審査結果を受け取ったら，採択，不採択にかかわらず，注意深く読み，何が良かったか，どこに問題があったのかを検討する．論文投稿の場合は，審査意見の一つ一つに対し（point by point）ていねいに答える．もし，納得できないコメントがあれば，論拠を示して意見を述べる．

論文が，修正なしにそのまま採択されることはほとんどない．多くの場合，いくつもの問題を指摘され，編集者と何回かのやり取りの後．ようやく採択される（あるいは，不採択となる）．論文の改訂（revision）は，ごく普通のプロセスであるし，それによって，論文は良くなる．

論文の審査に対するコメントの書き方（英文）についても，前著『科学者のための英文手紙の書き方』に多くの例文をあげて，解説した．

8. 3行にまとめた大事なこと8点

審査し，評価する上で大事なことを，もう一度まとめてみよう．

① ピア・レビュー (Peer review)

学術研究は，研究者自身による評価・審査（ピア・レビュー）により発展してきた．審査を頼まれたときは，学術研究者の一人として，承諾しなければならない．

② 利益相反 (Conflict of interest)

審査委員は，公的と個人的な立場が相反するという「利益相反」の状態にある．その緊張関係のなかで，利害関係者を排除し，公明，公正な審査を行う．

③ 審査・評価することは，審査・評価されること

審査員，評価者の責任は重い．学問的，社会的に間違いのない判断基準に基づいて，公平，公正に審査する．審査・評価することは，審査・評価されることである．

④ **論文審査で大事なこと3点**
   - 発表するだけの価値がある新しい研究成果か．
   - 結論は，間違いのないデータから導かれているか．
   - 論文は，簡潔，明解，論理的に書かれているか．

⑤ **申請書審査で大事なこと3点**
   - 申請内容はプログラムの目的に合致しているか．
   - 申請された課題は実施するだけの価値があるか．
   - 採択した場合，実行され，目的を達せるか．

⑥ **評価で大事なこと3点**

- 評価対象（個人／組織）のミッションは何か．
- そのミッションに積極的に取り組んでいるか．
- 改善の方向を示すような「前向き」の評価か．

⑦ **推薦状を書く上で大事なこと3点**
- 推薦依頼者と直接会って話を聞く．
- 被推薦者の実績，才能，人柄を具体的に書く．
- 推薦できない人の推薦状は断るか，推薦しない．

⑧ **審査・評価意見への対応で大事なこと3点**
- 審査・評価意見には誠実に対応する．
- 納得いかないときには，論拠をあげて意見を述べる．
- 不採択の理由を検討して，次に生かす．

第6章　人を惹きつけるプレゼンテーション

> スティーブ・ジョブズとアル・ゴアには，3つの共通点がある．……人を引き込むプレゼンテーションができることの3点だ．[67]

1. 大事なプレゼンテーション

自己主張とコミュニケーション

元アメリカ副大統領でノーベル平和賞を受賞したアル・ゴア（Al Goa）のドキュメンタリー映画『不都合な真実（An inconvenient truth）』（2007年）は，彼の環境問題についてのプレゼンテーションを映画化したものである．

ゴアは，最初に議論の舞台を設定し，人々をそこに呼び込む．宇宙から見た美しい地球の写真で惹きつけた後，地球温暖化の写真を出し，二酸化炭素上昇の問題へと進む．二酸化炭素が上昇するグラフを説明するときには，彼自身もリフトに乗って上昇し，高さを強調する．アップルが協力したというこのプレゼンテーションには，説得力があった．

プレゼンテーションは自己主張

　プレゼンテーションは自己主張である．われわれは，自分の仕事，提案が分かってもらいたくてプレゼンテーションをする．プレゼンテーションでは，何よりも，自分自身の立ち位置がしっかりしていなければならない．

　世界各国の人たちのプレゼンテーションを聞いてきたが，概して言えば，日本人はプレゼンテーションが下手である．われわれは，真面目にデータを示すが，広がりや，面白味に欠ける．聴衆を感心させるような表現がない．自分の仕事や提案を，魅力的に主張しきれていないのだ．その点，欧米のトップの人たちのプレゼンテーションには，感心するような発表がある．聞かせどころを心得ていて，上手に議論を導き，自己を主張する．その中でも，最高のプレゼンテーションの一つがゴアの『不都合な真実』である．

　われわれが，プレゼンテーション下手なのは，日本の教育と文化の問題でもある．自己を主張するより和を尊ぶ社会と，それに順応させる教育．プレゼンテーションとは，基本的に，自分を分かってもらうという自己主張なのだが，われわれにはそのような文化と教育がなかったのではなかろうか．

プレゼンテーションはコミュニケーション

　プレゼンテーションは自己主張であるが，同時に聞き手との間にコミュニケーションが成立していなければならない．聴衆が内容を理解し，問題意識を共有し，発表者に共感をもってもらうようなプレゼンテーションをすることが

大切である.

　コミュニケーションが成立するためには，内容を分かってもらうことが前提となる．知的三原則にしたがい，簡潔，明解，そして自然に導かれる論理の流れでなければ，理解してもらえないであろう.

　論理の流れに無理があれば，聴衆はついてゆけなくなる．プレゼンテーションで避けなければならないのは，聴衆を置き去りにして，演者の一人芝居になってしまうことである．プレゼンテーションのはじめに，目的を明確に提示し，背景を説明したあと，本題に入る．最後は，要約をまとめ，結論を示す．一貫したストーリーがあり，明確なメッセージが込められていれば，聴衆は迷子になることなく，ついてきてくれるであろう.

2. さまざまなプレゼンテーション

　プレゼンテーションは，決定的に重要な役割を果たすことが少なくない．さまざまなプレゼンテーションの場面を見てみよう.

卒業論文，学位論文の発表

　卒論，学位論文の発表は，研究を行った大学内で行われるのが大多数であろう．公開で行われる発表会には，審査委員長*，審査委員，教員，さらに，同級生，後輩，先輩が出席している．初めて発表する人が多いはずだ．あがってしまうのも仕方がない.

第 6 章　人を惹きつけるプレゼンテーション　　123

図 6-1　コインブラ大学での学位審査．天井の高い，シャンデリアの輝く立派な部屋で行われる．発表者（右奥）に向かい合って，左の一段高いところに黒いガウンを着た審査委員（5名）が座る．手前は，同級生，家族など．

卒論審査，学位論文審査では，何年かにわたり一生懸命勉強し，研究したことを短い時間（多くは10-15分）内に発表しなければならない．詳細はすでに提出してある論文に記載してあるので，研究の背景，材料と方法，新たに得た知見，将来への展望を短い時間内に要領よくまとめる．

世界でもっとも古い大学の一つ，ポルトガルのコインブ

＊わが国の大学では，学位審査委員会委員長・委員に学位論文の指導教員が入ることが多い．審査の透明性，公開性を確保するため，指導教員を審査委員会から除外すべきであると，学長として強く主張したのだが，医学部を除き，教授会の反対により実現しなかった．文科省，国立大学協会もその旨通達を出しているが，守っている大学は少ない．

ラ (Coimbra) 大学 (1290年創立) の学位審査を窓越しに見たことがある (図6-1). 肖像画, 天井画で飾られた立派な部屋に, 学位論文発表者が一人座っている. 向かい合った一段高いところから, 黒いガウンを着た5名の学位審査委員が発表者を見下ろしている. 同級生, さらには親族らしい人も傍らに座っている. おそらく, 数百年にわたり, このようにして学位審査が行われてきたのであろう. 昔と違うのは, 発表者と審査委員の前に, コンピュータが置かれていることくらいかもしれない. 学位論文発表とはもともと, このくらい厳かなものなのだ.

学会発表, ポスター発表

研究成果がまとまると学会で発表することになる. これまでの努力の結果を専門家に聞いてもらえるのだ. 認められれば, 将来への道を一歩踏み出すことになる (逆の評価のときは逆の結果となる).

学会の一般演題には, 普通10分程度しか時間が与えられていない. その短い時間の間に, 研究の意義, 成果を要領よくまとめ, 結論に導かねばならない点では, 学位審査と同じである. 講演が終わると討論の時間が設けられているが, 時間はそんなに長くない. せいぜい1人か2人が質問する程度であろう. 専門家の集まりである学会では, 質問の質は高く, きちんと答えられるかどうか, テストされるのだ.

多くの学会では, 会場と時間の制約から, 大部分の演題はポスター発表になるのが普通である. 口頭発表よりも,

むしろポスターのほうが，詳細なデータを示すことができる．コンピュータがない時代は，ポスターを作るのが大変だったが，今はパワーポイントを使えば，口頭発表と手間暇にそれほど差がない．

ポスターのよい点は，実際に研究している若い人同士が，遠慮しないで討論できる点である．実験技術の詳細や困っていることなどについて質問できる．発表者にとっても，質問者にとっても役に立つ情報が得られる．その分野の先端を行く研究者が通りかかったら，呼び止めてでも説明したほうがよい．もしその人が科研費の審査委員であれば，内容を記憶してもらえることになる．よい印象をもってもらえれば，よい結果が期待できる．内容が悪ければ逆効果になるが．

特別講演，招待講演，基調講演

学会，研究会などでは，多くの人が興味をもっている重要な問題について，第一線の研究者を招待して，特別講演，基調講演などの場を設ける．

国際学会，国内の大きな学会となれば，遅くとも1年前には招待状が届く．ただし，ノーベル賞の受賞講演は，わずか2ヵ月前に通知されるにすぎないが，それでも断る人はいない．

招待講演は，多くの場合，30分から60分の時間が割り当てられる．素晴らしい業績を上げた人がどんな話をするのか，たくさんの聴衆が集まる．講演する人は，その期待に応えるべく，研究の歴史的背景，科学における意味，実地

への応用，将来への展望など，広い視野からの講演をしなければならない．

ノーベル賞受賞講演は，招待講演のよいお手本になる．＊たとえば，1945年に生理学医学賞を受賞したフレミング（A. Fleming）の講演には，ペニシリン発見のきっかけとなったカビの生えたシャーレ，ペニシリンの細菌学的検討，さらに将来耐性菌が問題になるであろうことが記されている．

基調講演（keynote lecture）は，その会議の中心テーマに関する講演である．それだけに，鋭い問題意識による現状解析と将来への展望が求められる．2005年，私は，附属病院をもつ国立大学の学長会議から基調講演を依頼された．そのときのタイトルは，「大学病院破綻のスパイラル」であった．法人化以来の財政危機が続けば，附属病院は破綻し，「白い巨塔」は「白い廃墟」になるであろうという警告であった．この講演は，病院関係者からは「よく言ってくれた」と評判がよかったが，文部科学省からはにらまれた．

審査会ヒアリング

大きな補助金プログラムは，書類審査の後，ヒアリングによって最終的に決まることが多い．通常，ヒアリングには，採択予定数の1.5倍から2倍が残される．たとえ，書

＊すべてのノーベル賞受賞者の受賞講演と晩餐会の挨拶は，ノーベル財団のホームページで読むことができる．一読の価値あり．

類審査でトップの成績であっても，ヒアリングの際のプレゼンテーションが悪かったり，質問にまともに答えられなかったら，採択されることはないであろう．結果は，代表者のプレゼンテーションに委ねられているのだ．

　プレゼンテーションをする人は，10−15分という短時間内に，申請書のどこをどこまで説明すべきか迷うであろう．審査委員全員は，前もって申請書を読んでいるはずなので，申請書と重複しないように話したほうがよいと思うかもしれない．しかし，正直のところ，審査委員全員が，それほど読みこんできているわけではない．なかには専門違いの人もいる．発表する人は，申請書に書いた内容をていねいに説明したほうがよい．

　審査委員は審査のプロである．問題点を鋭くついてくるであろう．できたら，ヒアリングの前に，想定問答集を作って質問に備えておいたほうがよい．

　実際，ヒアリングに立ち会ってみると，申請書の書面からはよく分からなかったことが分かってくることが多い．申請書よりもよい印象をもつこともあるし，逆のこともある．審査委員は，書類審査の評点，プレゼンテーションを基に，最終決定することになる．

社内企画会議

　以前，私の研究室に化粧品会社の研究員がトレーニングに来ていたことがあった．論文の紹介，研究発表のとき，必ず最後に，この仕事は化粧品の開発にどのような意味をもっているかを，一言付け加えた．企業の教育とはこうい

うものかと感心した覚えがある．

　企業で働いたことのない私は，社内の企画会議がどのようなものか，実際に見聞したことがない．大学の場合は，研究の応用すなわち出口は，あまり問題にされない．しかし，企業においては，すべての研究は，応用面が重要となるであろう．提案する企画が企業の目的とどのように関係し，企業にいかに貢献するかについて，説明する必要がある．

トップのプレゼンテーション

　組織のトップのプレゼンテーション能力は，ときに組織の運命を決めかねない．たとえば，企業が社会から批判をあびたとき，社長がきちんと説明できなければ，社会的信頼を失い，企業の存続に影を落とすであろう．大学の学長，研究所の所長のプレゼンテーション能力は，その大学，研究所の評価に直接つながる．

　国家レベルでも同じである．首相が国の方針をきちんと説明し，国民の理解を得られなければ，信頼を失う．外国に日本の立場を説明できなければ，国際的に孤立するであろう．わが国の指導者は本当に大丈夫なのか心配になる．

　今や，従来のようななれ合い，年功序列などではなく，プレゼンテーション能力もトップの選考項目の一つに加えねばならないであろう．

座　長

　プレゼンテーションの場には，必ず，座長がいて，発表

者を紹介し,討論を司会する.卒業論文や学位の発表会では,審査委員会の主査が,学会の講演では,その分野の指導的立場にある人が座長になる.しかし,座長は単なる名誉職,あるいはお飾りではない.講演テーマの問題点をよく理解しているという前提で選ばれている.講演前に,講演のレジメ,発表者の履歴,主な仕事などを調べておく.特別講演の座長のときには,一言,講演者についてのエピソードを加えて紹介するのもよいだろう.

座長は,プレゼンテーションが円滑に行くように気配りをしなければならない.なかでも,時間の管理が一番重要である.持ち時間を超えて発表する人には,すぐに終えるように伝える.もし,時間が余ってしまったら,討論の時間に回す.長々と質問する人がいれば注意をし,誰も質問する人がいなければ,自分で質問する.あまりないことだが,討論が紛糾したときには仲裁に入らなければならない.

3. プレゼンテーションの準備をする

プレゼンテーションが決まったら周到な準備を重ねた上で臨む.その場限りのプレゼンテーションでは,失敗は許されない.プレゼンテーションには,自分の将来がかかっている.ドキュメントを書くとき以上に,注意深く,準備する必要がある.準備が整い,発表練習を重ねれば,自信がつき,あがることもないであろう.後に述べるように,パワーポイント作成は,一番よい準備になる.

発表内容の検討

卒業論文,学位論文,学会発表,審査委員会のヒアリングのように,すでに書いたものを提出している場合には,それから逸脱することはできない.プレゼンテーションでは,研究内容,申請内容の全部を話すだけの時間は与えられていない.時間内で完結し,明確な主張が伝わるように,内容をもう一度編集し直す作業が必要となる.聞いただけで分かるように,動機,背景をまとめて最初に示す.細かい点は省き,肝心のところをていねいに説明する.要約をまとめ,結論を導き出し,将来に向けて展望する.

誰に聴かせたいか.誰が聴いているか

ドキュメントのときも,読む人が誰かを意識して書かねばならないが,プレゼンテーションでは,それ以上に聴いてほしい人は誰か,聴いている人は誰かを意識しなければならない.

学生に講義しているときは,できるだけ分かりやすく,基礎的原理,歴史的背景などについて説明したほうがよい.しかし,専門家を対象としているときに,あまり基礎的な解説を加えると,馬鹿にしているように思われてしまう.

教授,准教授などのポストに応募すると,候補者を2-3人にしぼった最終段階で,セミナーに招待されることがある.出席しているのは選考委員,投票資格をもったスタッフなどである.セミナーの出来栄えによって採用が決まるのだ.慎重に準備しなければならない.選考委員と思われる人たちの業績を調べ,もし引用できるようであれば,

セミナーのなかで一言触れるようにする．

　申請に対する審査委員の大半は専門家だが，テーマに直接関係のない人も入っている．さまざまな人がいることも考慮して，専門でない人にも分かるように話すことが重要である．

原稿を作る

　間違いなく話すためには，原稿を作ったほうがよい．原稿を読めば，自分の話したいことを，間違いなく，過不足なく，伝えることができる．原稿を作るのには，話す時間の何倍もの時間が必要であるが，それだけの価値がある．

　しかし，ただ原稿を読むのは，問題である．いったん原稿を読み出したら，原稿から離れるのが難しくなり，つい，原稿の棒読みになってしまう．抑揚のない話し方，下を向いた姿勢からは，あまり迫力が感じられず，聴衆の共感も得られない．

　作った原稿をすべて頭の中に入れ，原稿なしで話をするのが一番よい．パワーポイントがあれば，原稿がなくとも，話の順序と要点を間違えることなく導いてくれるであろう．

専門でない人に聞いてもらう

　パワーポイント，原稿などができたら，専門家に加えて専門ではない人に聞いてもらうようにする．大学によっては，大きな予算のヒアリングに選ばれると，学長など責任者を含め，何人かの人の前でリハーサルを行っている．

　私は，専門でない金融関係出身の監事に入ってもらい，

彼が分かりにくかった点など，正直に意見を出してもらった．問題点の多くは，専門的な事柄というよりは，一般的な表現法，論理の展開などにあることが多い．専門家が気がつかないような点を指摘してくれる人の意見は尊重すべきである．

練習はあがりの特効薬

プレゼンテーションは緊張を伴う．アドレナリンが分泌され，交感神経が興奮状態になり，脈拍は100を超えているかもしれない．声もうわずり，早口になる．頭の中は真っ白，理路整然とした話をするどころではなくなる．質問されても意味が分からず，頭も回転しない状態になる．私も，国際学会で初めて報告したとき相当に緊張したのを，40年たった今でもよく覚えている．

あがらないようにするためには，どうしたらよいだろうか．第一に，準備を十分にすることである．何を聞かれても大丈夫なように，関係するすべての事柄を，背景から現在の問題点まできちんと理解する．何回も練習し，親しい友人に聞いてもらう．

名演説で有名なウィンストン・チャーチルでさえも，演説の前には十分に練習をしたといわれている．スティーブ・ジョブズも，何時間も何時間も集中して練習をしてから，基調講演に臨むという．[67]練習はあがりの特効薬である．

しかし，あまり練習をすると，そのたびに心配が増幅し，不安を予期させ，かえって緊張するものである．十分に練習したと思ったら，少し休んだほうがよい．

あがらないためのもう一つの特効薬は，場数を踏むことである．人並み以上に経験を積んだ私は，今では，プレゼンテーションを前に緊張するようなことはほとんどなくなった．それでも，準備が不十分であったり，自分でもよく理解していないところがあったりすると，不安感に駆られる．

緊張して演台に上がったとしても，緊張しているのは，せいぜい最初の1，2分間だけである．話しているうちに，だんだん落ち着いてくる．後は，準備を重ねたパワーポイントにしたがって，話を進めればよいのだ．

4．プレゼンテーションする

文字で書いたドキュメントは，何回でも読むことができる．それに対して，言葉は，発した次の瞬間には消え去る．しかし，発した言葉は，人の心に長く残る．プレゼンテーションは，その場限りの一発勝負だが，その効果は長く記憶されるのだ．素晴らしいプレゼンテーションをした人にとってはうれしいことだが，失敗した人にとっては，後悔することになろう．プレゼンテーションは恐ろしい．

ラポートトークとレポートトーク

自分の発言の速記録が送られてくることがある．冗長な表現，文章と言えないような言葉の羅列に，我ながらあきれてしまう．発表してもおかしくないような文章にするためには，相当に手を入れなければならない．

語呂合わせで言うと，話し方には次の二つがある．

①ラポートトーク Rapport talk
②レポートトーク Report talk

Rapport は，"a friendly relationship in which people understand each other very well" という意味である*（『オックスフォード英語辞典』）．打ち解けた関係の人たちの楽しい会話が，ラポートトークであるが，プレゼンテーションには向かない．

プレゼンテーションに必要なのは，経験した事実を客観的にレポートするためのレポートトークである．難解な言葉，もってまわった言い回しは避け，ていねいな言葉遣いを心がけ，簡潔で明解かつ分かりやすく話す．プレゼンテーションでも，基本は知的三原則である．

話し方には，次のような心得が必要である．
①適度の緊張感をもって，
②あまり早口でなく，
③落ち着いて，
④大きな声で，
⑤ていねいな言葉で，
⑥メリハリのきいた話し方をする．
⑦「あのー」「えーと」のような意味のない言葉を発しない．

＊因みに，rapporteur は，rapport talk をする人ではなく，会議の正式の報告者という意味である．

「レゲットの樹」の話し方をしない

レゲットは,論旨が枝分かれをする「レゲットの樹」構造を警告した(第3章,56ページ).私の経験では,論文にはこのような樹を見ることはないが,話し言葉の世界には,「レゲットの樹」が生い茂っている.しかし,プレゼンテーションでは,「レゲットの樹」構造を避け,論旨に沿って一貫して話を進めるべきである.もし,話題が変わるときには,「話は変わりますが」と一言はさんだほうがよい.

語尾をはっきり言う

沢木耕太郎(さわきこうたろう)が銀座のバーで吉行淳之介(よしゆきじゅんのすけ)(1924-1994)と偶然会ったときのことである.別れた女性のどんなところを記憶しているかという話になった.[69]

「沢木さんは何で覚えている?」
 吉行さんに訊(たず)ねられ,私は少し考えてから答えた.
「語尾,ですかね」
「語尾? 声じゃなくて?」
 吉行さんが不思議そうに訊(き)き返した.
「……人の話を記憶しようというとき,語尾に気をつけているということがあるんです.逆に,語尾が思い出せると話の全体が思い出せるといってもいいんです」……
「吉行さんの場合はどんなもので女性を記憶しているんですか」
「シュミーズかな」

沢木耕太郎を引用するまでもなく，日本語の場合，特に語尾が重要である．第3章で述べたように，日本語では文の最後に大事な言葉が来る．肯定か否定かも，文の最後になって初めて分かる．このために，文章を書くときと同じように，話し言葉の場合も短い文を心がけるべきである．

文章を最後まで言わないで，途中で終わってしまう人がときにいる．頭の回転が速すぎて次の言葉を待っていられないのか，あるいは単に気が短いためかもしれないが，話を聞いている人は，置き去りにされてしまう．そのような話し方をする同僚が，NHKの「クローズアップ現代」に生出演することになったとき，私は，文末のピリオドが見えるまで話すようにと忠告した．放送では，文章の最後まで話していたので安心した．

疑問文では，文末を上げて話す．ところが，疑問でもないのに，単語の後ろを上げて話す人がいる．イントネーションというわけでもない．たとえば，「ファインセラミック↗は，環境↗問題↗にも↗，大きく↗貢献↗します」（↗のところで語尾を上げる）．

このような話し方をされると，聞いているほうは疲れてしまう．自分に自信がなくて同意を求めているのかと誤解されかねない．1990年代には，そのような話し方をする人が目立ったが，幸いなことに最近は少なくなってきた．しかし，中年以上の世代には，まだ残っている．

時間厳守

プレゼンテーションのルールのなかで，もっとも重要な

のは，時間を守ることである．指定された発表時間に遅れたら，プレゼンテーションをさせてもらえない．発表時間を超えたら，その場で打ち切られるであろう．打ち切られなかったとしても，審査委員の印象を悪くすることは確かである．発表している本人も，時間が足りなくなれば動揺するであろうし，まして途中で打ち切られれば，肝心の結論を話せなくなる．

特別講演や基調講演のように，主催者から招待を受けて講演する場合は，多少の時間超過は大目に見てくれるかもしれない．しかし，10分もオーバーすれば，座長と聴衆は落ち着かなくなるであろうし，後に続く予定に影響を与えることになる．

プレゼンター*は見られている

研究をしている人には，何よりも自由な発想を大事にするという考えからか，服装にも無頓着の人が多い．自由な服装がどこまで許されるかは，分野によって異なる．患者と接する医師は，いつもきちんとした服装をすることを学生のときから注意されている．一方，自然を相手にする生態学関係の学会では，ネクタイをしている人はほとんど見かけないという．

プレゼンテーションでは，服装にも気をつける必要がある．だらしのない服装では，プレゼンテーションの中身ま

---

*プレゼンター presenter をプレゼンテーター presentator と言い間違える人が多い．プレゼンテーション presentation が大事といつも思っているせいだろうか．

でだらしないと思われてしまうだろう．男性であれば，必ずしもスーツを着る必要はないが，クールビズの期間を除き，ネクタイくらいはつけたほうがよい．女性であれば，場違いな派手な服装は避けたほうがよい．

プレゼンテーションするときの姿勢，視線も重要である．姿勢は正しく，前を向く．欧米では，ときに演台の上を動きまわる人がいるが，特別講演などをする人以外はまねしないほうがよい．

視線も大事である．話している間，ずっとスライド画面だけを見ている人がいるが，聴いている人にも目を移し，反応を確認しながら話すべきである．しかし，特定の人だけを見るのもよくない．聴衆のなかに美人がいると気になるものだが，チラッとときどき見る程度にする．質問に答えるときは，質問した人を見て話す．

プレゼンターは，審査委員あるいは聴衆から観察される立場にあるのだ．服装や態度から，変わった人という印象を与えるのは得策でない．

5．質問する．答える

プレゼンテーションの後には，質疑応答が待っている．鋭い質問をすることにかけてはプロのような人たちが待ち構えているのだ．あやふやに理解している点，間違っている点などは，容赦なく，聴衆の前に明らかにされてしまうであろう．それより，もっと恐ろしいのは，質問する価値もないと無視されることである．

卒業論文，学位論文発表の後の質問は，卒業，学位の資格があるかを確認するための質問である．教員の中には，わざと難しい質問，意地悪な質問をする人がいる．東大医学部保健学科（当時）の修士論文発表会に出ていたとき，ある女子学生に「君の研究のどこが新しいの」と質問した教授がいた（私ではない）．発表者が何とか答えると，「本当にそう思っているの．君は幸せだね」と追い打ちをかけた．幸せなことに，その学生は合格した．

学会の発表では，ときに論争（debate）になることがある．そのときでも，冷静に討論を進めるべきである．ヤジも禁物である．国会とは違うのだ．

質問をする人

質問時間は限られている．質問者は，もっとも本質的な問題点，発表者が見落としている点などを鋭く指摘することを第一に心がける．どうでもよいような問題，自分を誇示したいだけの質問などはするべきではない．

質問は，質問の意味がはっきり相手に分かるように，疑問形で言う．質問するときに，質問と関係のない話をしたり，話があちこちに飛ぶ人がいる．まとまりのないだらだらとした質問は，時間の無駄である．「レゲットの樹」は質疑応答でも歓迎されない．質問者もまた見られているのだ．

「素晴らしい講演をありがとうございました」などと，相手を褒めてから，質問する人がいる．礼儀正しいとは思うが，質疑応答は，ある意味では，戦いの場でもある．お世

辞などは必要ない．

審査会では，「専門ではありませんが」，「よく分からないので教えてください」などと質問しないようにする．このような質問を受けると，申請者は，何も知らない人が審査しているのかと思い，審査の正当性に疑問をもつかもしれないからである．一応，審査委員は，その道の専門家であるということになっているのだ．

ただ漫然と発表と聞いているのでは，よい質問はできない．一生懸命，プレゼンテーションを聞いていなければならない．よい質問は，プレゼンテーションをきちんと聞いてもらえた証拠である．私は，オスロで開かれた「発がん理論」のシンポジウムに招待されたとき，20人ほどの人がマイクの前に行列を作り，30分にわたり質問を受けた．何とか答えたが，講演以上に大変であったのを記憶している．

答える人

質問には，正面から答えなければならない．短い言葉で正確に答える．もし，質問の意味が分からなければ，聞き直す．ただ，あまりにも初歩的な点を聞き直すと，分かっていないのがばれてしまう．

質問を途中で遮って答えるのは，非常によくない．最後まで聞いてから答えるべきである．一番よくないのは，質問をはぐらかしたり，ピント外れの答えをすることである．このようなかみ合わない質疑応答になる最大の理由は，質問の意味を深く理解していないためである．質問を受けたら，その質問がどのような観点から出されたか，その本当

の意味を判断し,それに正面から誠実に答えることが大切である.

質疑応答のなかで,謝罪や言い訳が必要になるかもしれない.自分が間違っていると思ったら,率直に誤る.言い訳は,簡単に済ませる.くどくどと言い訳をするのは,印象を悪くする.自分の努力不足の言い訳(時間不足,勉強不足)は,言い訳にはならない.

「よい質問をありがとうございます」「Good question」などと,答える前に言うことがある.学会はともかく,卒業論文,学位審査などでは言わない.

6. プレゼンテーションの三つの秘訣

説得力あるプレゼンテーションをするために大事なことが,3点ある.まず,内容がしっかりしていること,次に簡潔,明解に表現されていること,そして,無理なく理解できる論理の流れである.加えて,いくつかの秘訣がある.その中から3点を紹介しよう.

アリストテレス

ギリシャの哲学者アリストテレスは,人を説得する有効な方法として,次の5つのステップをあげたという.[67]

1. 聞き手の注意を引くストーリーやメッセージを提出する.
2. 解決あるいは回答が必要な問題あるいは疑問を提出する.

3. 提出した問題に対する解答を提出する．
4. 提出した解答で得られるメリットを具体的に記述する．
5. 行動を呼びかける．

最初の3項目は，論文発表などにも共通して考慮すべき点であろう．4番目の項目は，申請書の審査では有効である．最後の行動の呼びかけは，この本で設定している状況には必ずしも当てはまらないが，商品の説明，政治，市民運動などでは重要であろう．

SHARP

エッセイなどを書くときに「起承転結」があるように，一般的な講演をするときには，SHARPが大事であると立命館大学の東 照二はいう[70]．すなわち，

S：Story（話の物語性，筋書き）
H：Humor（ユーモア）
A：Analogue（たとえ）
R：Reference（資料）
P：Picture（図解，写真）

導入から結論に至るまでの魅力あるストーリー．資料に裏付けられた信頼性のある内容．そして，巧みなたとえと図解，写真で分かりやすく説明し，ときどきユーモアを交えて，聴衆を飽きさせない．このような話ができれば，理想的である．

あまり強調されていないが，ユーモアは講演にとって大事な要素である．そもそも，プレゼンテーションとは，人

の意見を一方的に聞かされることなのだ．そのようなとき，ユーモアのある表現，スライドがあると，ほっとして，相手の話に入っていける．特に，講演の出だしで，ジョークを効かすことができれば，聴衆の気持ちをつかんで話を進めることができる．

永田和宏は，アメリカにおける講演の経験を次のように詠っている．

 導入のジョークがほどほどに効きたれば
 　　結論までをどんどん走る

ときには，話の中身は忘れてもジョークだけを覚えていることがある．アメリカの学会で会った人から，以前，お前の話を聞いたことがあると言われた．内容は忘れたが，ジョークだけは覚えていると言う．講演の最初に"I am afraid I am the most expensive speaker."と言ったのだそうだ．このとき，腰痛がひどくて，ビジネスクラスの旅費を出してもらうよう主催者に頼んだことを思い出した．品の悪いジョークでなくて安心した．

3点ルール

アップルの創始者，スティーブ・ジョブズは，3という数字が大好きだという．たくさんある中から，しぼりにしぼりこんで，3項目にする．たとえば，スタンフォード大学の卒業式で講演したときには「今日は，皆さんに3つのことをお話ししたいと思います」，iPodの説明会では

「iPod には，画期的なポイントが3つある」，3本足のスツールを示して「今のアップルには3本の柱がある」などである．

なぜ，3点がよいのか．われわれが無理なく理解し，思い出すことができるのは，せいぜい3項目くらいまでだからである．ケネディ元大統領もオバマ大統領も，演説のなかでは，3点ルールを上手に使っているという[67]．

講演の最初に，研究あるいは背景をまとめて示すときには，3点にまとめる．最後に，要約，結論を示すときにも，3点にしぼりこむ．本書でも，3点ルールにしたがい，知的作業のポイントを「知的三原則」とし，各章のおわりには，大事な点を3行にまとめた．3点ルールは，プレゼンテーションのときに役立てたい原則である．

7．パワーポイントを作る

私には，少なくとも三つの依存症がある．ワープロがないと文章が書けない「コンピュータ依存症」，マーカーがないと資料を読めない「マーカー依存症」，そして，パワーポイントがないと講演ができない「パワーポイント依存症」である[68]．このため，私は，入学式，卒業式の学長告辞にも，パワーポイントを使った．依存症を正直に告白できるくらい，パワーポイントは素晴らしい道具である．

パワーポイントが，知的三原則にしたがい簡潔明解かつ論理的にできていれば，満足いくプレゼンテーションができるはずだ．しかし，パワーポイントが分かりにくく，論

理的に混乱していたら，たとえ，どんなに弁舌さわやかに話したとしても，プレゼンテーションに失敗するであろう．プレゼンテーションの出来不出来は，パワーポイントにかかっている．

35ミリスライドからパワーポイントへ

パワーポイントを使い始めたのは，1990年代の終わりごろからである．それまでは，時間をかけ苦労して35ミリフィルムスライドを作っていた．1969年にアメリカに留学したとき，スライドを描くために，製図用の烏口(からすぐち)とコンパスをもっていった．その上，フィルムスライドは，写真屋に出してから2，3日待たねばならなかった．作るだけではなく，整理し，探すのも大変だった．*

パワーポイントでは，図表も簡単に作れるし，デザインも自由に選べる．スライドの順番を変えるのも移し替えるのも，マウスでドラッグすればよい．整理，保存，持ち運び，送付のいずれをとっても，パワーポイントによって，プレゼンテーションはすごく楽になった．

パワーポイント作成は最良の講演準備

私は，すべて自分でパワーポイントを作ることにしている．パワーポイントを作るのには，時間がかかるし，細か

---

*昔の35ミリスライドは捨てるに捨てられない．スライドデジタル化のスキャナーもあるが，量が多いと大変である．デジタル化しパワーポイントにしてくれる会社もある．「スライドデジタル化」で検索する．

い修正が多く，面倒くさく思うときがある．これまで，パワーポイント作成に，どれほどの時間を使ったであろうか．時間がもったいないと思わないわけでもない．

　それでも，自分で作りつづけるのは，パワーポイント作成が，一番よい講演準備であるからだ．パワーポイントを作るとき，どうしたら自分の考えが聴衆に間違いなく伝わるかを考える．分かりやすくするのには，何を強調し，どこをカットすべきかを突き詰めて考える．時間内に要点がすべて話せるように，内容を整理する．話の順序を考えながら，スライドを作っていく．パワーポイントが完成したときには，講演の内容はすべて頭の中に入っている．講演が始まれば，パワーポイントが話を先導してくれるので，不安になることもなく，自信をもって講演ができる．

　もし，他人の作ったパワーポイントで講演をしなければならないとしたら，自分の言いたいところが強調されていなかったり，どこに何が書いてあるのか分からなくなったり，不安になるに違いない．

パワーポイントの内容

　何を話したいか，何を訴えたいか，その内容にしたがってパワーポイントを作る．そのためには，次のような構成にするのがよい．

　最初に，講演のタイトル，学会なら学会名，日付，発表者などのタイトルページを作る．プレゼンテーションのためというよりは，いつ，どこで行った講演であったかを記録するためである．

次に，研究の目的，背景などを示し，理解を容易にする．学会の一般講演であれば，材料と方法に1－2枚を割り当てる．研究結果は，数枚のスライドにまとめる．あまり細かいデータを示す必要はない．また，1枚のスライドに所狭しとデータを詰め込む人がいるが，分かりにくいデータをさらに分かりにくくするだけである．必要に応じて，模式図（scheme），漫画（cartoon）などを加えると，講演内容をよく理解してもらえる．最後には，要約をまとめ，さらに短い結論で明確なメッセージを伝える．共同研究者への謝辞も最後にまとめて出す．

 スティーブ・ジョブズは，箇条書きが嫌いらしいが[67]，パワーポイントで説明するのには，一番よい方法だと思う．箇条書きの代わりに，長い文章を書いたのでは，誰も読んでくれないだろう．

 箇条書きは，1行以内に収めるのが原則である．文頭には，・か，番号を打つ．箇条書きの数は，できるだけ少なく，せいぜい7項目以下にする．特に，研究の背景，結論などは，上述の3点ルールにしたがい，3項目に収めると，聴衆によく理解してもらえる．

 スライド1枚あたりの説明時間は，短ければ20秒ほどですむこともあるが，2分以上かかることもある．平均すると，講演時間1分あたり0.8－1.2枚であろう．10分の講演であれば8－12枚を用意することになる．パワーポイントはスライドの移動が迅速なので，何枚でも使えるが，あまり多いと，聞いているほうもせわしくなる．

```
National Excellence Programs

2006    Germany, Sweden(Linnaeus)
2007    Japan, Malaysia
2008    Korea
2009    Denmark, Spain
2010    France, Sweden(Strategic area)
2011    Poland
```

図6-2 私のスライドの一例．トップレベル研究拠点を作るプログラム（Excellence program）が，2006年から世界各国で一斉に始まったことを端的に示す．

パワーポイントのデザイン

パワーポイントには，豊富なメニューが用意されている．文字，写真，図，表，そしてアニメーション．何でも，自由にデザインすることが可能である．それだけに，デザインのセンスが問われる．賑やかな背景に，たくさんの色を使い，文字には飾りをつけ，アニメーションをフルに使った発表を見ることがあるが，見ていて疲れるだけである．デザインのセンスが悪いと，内容のセンスも疑われかねない．

簡潔，明解，読みやすさが，パワーポイントを作る上で大事である．たくさんの情報を1枚に押し込み，「ビジーなスライドですみませんが」などという人がいるが，分かっているのなら，直すべきだった．

第6章 人を惹きつけるプレゼンテーション

私のパワーポイント作成のポリシーを以下に示そう．

① 1枚のスライドには，一つのメッセージを明確に示す．
② 一番上にタイトルを置き，メッセージが一見して分かるようにする．タイトルは1行以内．色を別にして，タイトルであることを明確に示す．
③ 本文は10行以内．
④ 長い文章は書かない．1行以内の短い文章か箇条書き．
⑤ 図，写真は，多くとも4枚．
⑥ 表は，7行以内．

内容と同じに，デザインも単純で分かりやすいものにする．私のデザインは次のように統一している．

① 背景は白地．
② 文字はサムライブルーと黒の2色のみ．
③ 見出しと箇条書きの頭の・は，サムライブルー．本文の字は黒色．
④ 見出しは36ポイント，本文は20－28ポイント．
⑤ フォントは外国でも文字化けしないよう，Microsoftのフォントを使う．私の好みのアルファベットフォントは，Tahomaである．
⑥ アニメーションは必要なときだけ効果的に使う．
⑦ 最初から最後まで一貫したデザインで通す．

白の背景に，黒とブルーという単純なデザインにしているのは，目が疲れず，読みやすいからである．加えて，資料としてプリントアウトを作るとき，白黒印刷でも十分に分かるよう，印刷経費を配慮しているためでもある．

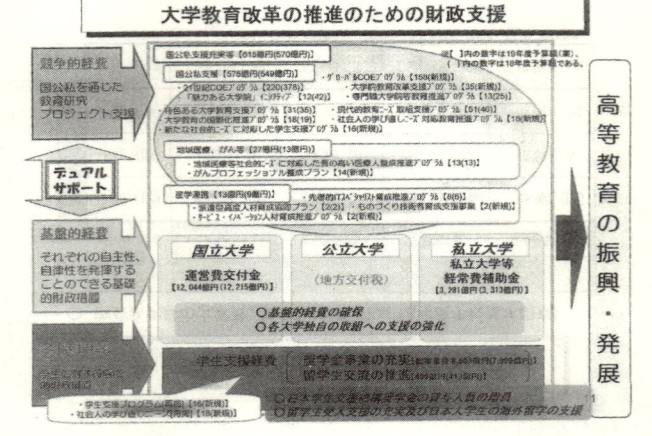

図6‑3 経済財政諮問会議作成のパワーポイント資料 (2007年)

官庁のパワーポイント

官庁が作るパワーポイントは，どれもこれも複雑で分かりにくい．典型的なスライドを示そう（図6‑3）．画面に四角や丸が10以上描かれ，その中には細かい字がぎっしり詰まっている．それぞれの間には大きな矢印があり，相互関係を示している．ときに，背景の中央に，大きな1本の木が置かれていたりするが，何を意味しているのかは誰にも分からない．このようなパワーポイント資料は，官庁用語で「ポンチ*絵」ともいう．

＊ポンチは19世紀のイギリスの絵入り週刊誌 *Punch* に由来する．しかし，ポンチ絵に相当する英語はない．

このようなスライドを講演のときに出されても，誰も読めないし，理解できないであろう．資料として考えれば，まだましであるが，それでもよく説明してもらわないと理解できない．このようなパワーポイントが横行しているのは，中央官庁だけではない．地方自治体でも同じである．

　なぜ，こんな複雑なポンチ絵が官庁でまかり通っているのであろうか．想像するに，作成を命じられた若い官僚は，少しでも落ちがあると，後で責任問題にされるので，すべての情報を1枚の中に入れ込もうとする．たくさんのプログラムが進行中であることを誇示するためには，複雑で賑やかなパワーポイントのほうがよい．要するに，見る人のことを考えず，自分のことだけを考えて作っているのだ．官庁のパワーポイントには，少なくとも反面教師として存在価値がある．

アメリカ軍の敵はパワーポイント

　官庁のパワーポイントが複雑なのは，日本だけではないらしい．『ニューヨーク・タイムズ』（2010年4月17日）は，'We have met the enemy and he is power point' という記事を載せた[72]．「敵」と指摘されたパワーポイントは，アフガニスタンの作戦を立てるために，さまざまな要件を複雑に線で結んだものである．記事は，スパゲッティの皿にしか見えないと皮肉っている．一人の将軍は，パワーポイントは，理解しているような幻想を抱かせるので危険だとして，パワーポイントの使用を禁止したという．戦争の最前線でもパワーポイントが使われているとは知らなかっ

た.

8. 3行にまとめた大事なこと7点

　卒論，学位論文はプレゼンテーションの出来で判定される．大きな研究費の審査は，最後のヒアリングで決まる．トップのプレゼンテーションにより，組織の運命が左右される．プレゼンテーションは最後の決戦の場である．

① **分かりやすい説明と論理**
　プレゼンテーションは，目ではなく，耳で理解するのだ．しかも，その場の一発勝負である．ドキュメントを書くとき以上に分かりやすい表現と論理の流れが必要である．

② **十分に準備する**
　プレゼンテーションには，十分に準備を重ねて臨む．慣れないうちは原稿を作り，練習を重ねて原稿なしでもできるようにする．準備は，あがり防止の特効薬でもある．

③ **専門の人，専門でない人に聞いてもらう**
　独りよがりのプレゼンテーションにならないため，専門の人，専門でない人に聞いてもらう．分かりにくいときは，説明方法，論理の展開などに問題がある．

④ **時間を守る**
　発表時間に遅れたら，発表させてもらえない．発表時間を超えたら，その場で打ち切られるか，打ち切られなくとも印象を悪くする．みんなに迷惑をかける．

⑤ **漫然とした話し方はしない**
　きちんと筋道を立てて話をする．ていねいな言葉遣い，

分かりやすい発声を心がける．語尾ははっきりと発音する．「えーと」のような意味のない言葉は発しない．

⑥ **正面から質問に答える**

質問の意味を正しく把握して，はぐらかさず，正面から答える．話が枝道にそれる「レゲットの樹」にならないよう，質問者，回答者とも気をつける．

⑦ **パワーポイントは自分で作る**

何が重要か，どうすれば分かりやすくなるかを考えながらパワーポイントを作る．パワーポイント作成は最良のプレゼンテーション準備である．

第7章 英語の世紀を生きる

> ほんとうの問題は，英語の世紀に入ったことにある．
> ──水村美苗[1]

1．英語の世紀

　水村美苗の『日本語が亡びるとき』は，言語についての鋭い問題意識と深い洞察力にあふれた本であった．彼女の言葉には説得力がある[1]．

　インターネットいう技術の登場によって，英語はその〈普遍語〉としての地位をより不動のものにしただけでない．英語はその〈普遍語〉としての地位をほぼ永続的に保てる運命を手にしたのである．人類は，今，英語の世紀に入ったというだけではなく，これからもずっと英語の世紀のなかに生き続ける．英語の世紀は，来世紀も，来々世紀も続く．

　インターネットだけではない．政治，商業，金融，科学・技術，観光などあらゆる面で，国々の相対的距離は短

縮し，グローバリゼーションが急速に進行している．地球は，「一つの村」になった．そしてその村，global village で使われる言語が英語なのだ．

われわれは，英語の好き嫌い，日本語への愛着といった個人的な感情を超えて，英語の世紀に入ったことを素直に認めなければならない．その上で，日本語と英語の問題を考えなければならない．英語は，その意味で，日本と日本語の問題でもある．

普遍語としての英語

水村美苗によると，言葉はその機能によって，現地語，国語，普遍語に分類されるという[1]．

現地語は，地域において普通に使われている言葉である．英語の local language に相当する．

国語は，国民が自分たちの言葉として使っている言語である．英語の national language に相当する．

普遍語は，歴史をさかのぼれば，ラテン語であり，漢語であったように，「叡智を求める人々」が，共通の知の道具として，広い地域で使われる共通語（lingua franca）である．英語の universal language に相当する．

現在，英語を公用語とする国は45ヵ国，世界人口の12%にのぼる[73]．インターネットのホームページで使われる言語の70-80%は英語であるのに対し，日本語は3.1%にすぎない[74]．世界は英語であふれているのだ．

なぜ，英語がこのように普及したのであろうか．歴史的に見れば，19世紀にイギリスが「七つの海」を支配し，英

語が「五つの大陸」に広まったこと，そして，その一つの国であるアメリカが，政治，経済，文化において，大きな影響力をもったからである．

もう一つの大きな理由は，英語が，見かけ上やさしく，取っつきやすい言語であることだ．ラテン語系の言語と異なり，文法の縛りも厳しくないし，日常的に耳慣れた単語も多い．

ところが，やさしいと思っていると，習うにしたがい，イディオムが多く，難しくなる．その上，発音は不規則である．すべての国語がそうであるように，言葉のもつ意味は深く，ネイティブ以外には，最後まで習得できないところがある．

無邪気で鈍感な人たち

英語が「普遍語」となった現状は理解しているとしても，問題は，英語という一つの「国語」が，あたかもがん細胞のように増殖し，国際コミュニケーションの場から他の国語を排除しはじめたことである．そして，ネイティブは，普遍語となった英語を自分たちの国語としか考えていないことである．フランス語を話せず，スペイン語も習おうとしないのに，彼らは，当然のように，外国人は英語を話すものだと思っている．英語ができなければ，まるで知的レベルが低いと思っているのではなかろうか．

水村美苗が言うように，それは，彼らの「底なしの無邪気さと鈍感さ」なのである．われわれは，好むと好まざるとにかかわらず，そのような「無邪気で鈍感な人々」と付

き合わねばならなくなったのだ.

それにはどうしたらよいか. われわれ自身も,「無邪気」になるほかない. 神経質になっていたら, 英語と英語を話す人々に付き合えないのだ. 無邪気に英語が大事だと信じ, 習得に努めよう. しかし, 英語が大事だとしても, われわれの思考の根底には日本語がある. 正しい日本語を書き, 話すことによってのみ, 英語が上達できることを忘れてはならない. その意味で, われわれは, 日本語に対して「鈍感」であってはならない.

英語公用語論

歴史と文化を誇る日本語ではあるが, 世界中で日本語を「国語」として使っているのは日本人だけである. 加えてその特殊性を考えると, 日本語が普遍語となることは絶対にあり得ないであろう. すなわち, 日本は「言語的孤立」に陥る可能性を潜在的に抱えているし, 実際, すでに孤立していると言ってもよい. 英語公用語論が主張されるだけの背景が存在している.

英語公用語論は, 明治になって間もなく, 初代の文部大臣, 森有礼 (1847−1889) によって唱えられた. 第二次世界大戦直後, 志賀直哉 (1883−1971) は, フランス語を公用語とするよう提案した.* 本人はフランス語を知らなかったというのだから, 無邪気な話である. 最近では, ジャーナリストの船橋洋一が『あえて英語公用語論』を発表して

---

*森有礼と志賀直哉による提案の原文は,(76)に収録されている.

いる[75].

2010年になって，二つの会社（楽天とユニクロ）が，英語を社内公用語とすることを発表した．世界展開を図る上で，英語が必要になったからだという．英語を公用語にすると，言語的孤立は免れるかもしれないが，日本語を排除することにより失うものも大きいはずだ．言語はその人の思考を完全に支配している上，文化そのものでもある．塩野七生は，「最近笑えた話」というエッセイの中でこの問題を取り上げ，ユニクロと楽天から，日本人の思考によるアイデアが消え去る日がくるであろうことを指摘した[77]．世界展開を図るためという理由で，社員食堂の丼ものの表示を含め，すべてを英語だけにするのは，まさに「無邪気さと鈍感さ」の現れであるとしか思えない．

科学者，あるいは幸福な奴隷たち

筑波大学の津田幸男によると，英語の世紀は「幸福な奴隷」（happy slave）の時代であるという[78]．「ご主人様」から見れば，支配しながらも，支配しているとは感じさせない巧みな支配．そして，英語に支配されながらも，支配されているなどとは考えない「幸福な奴隷」たち．津田幸男は，「奴隷」に力点を置いてこの言葉を使っているのに対し，私は，「幸福」を強調して幸福な奴隷と言いたい．

幸福な奴隷の代表的な例は科学者であろう．少なくとも，自然科学系の科学者は，当然のように英語で論文を書き，外国に出かけて英語で発表し，討論する．図7-1に示すように，PubMed（216ページ参照）に収録されている医学

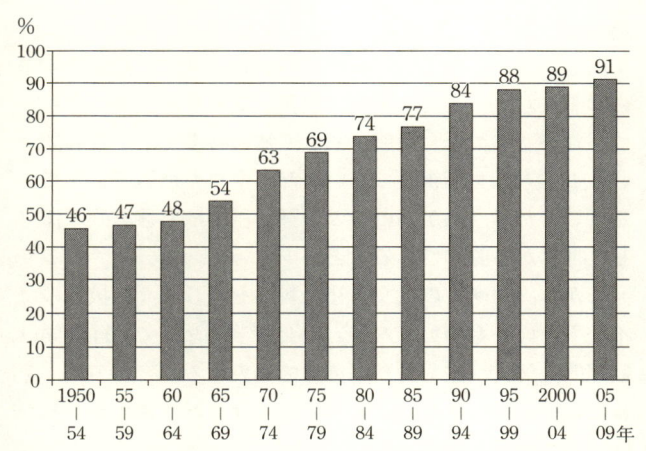

図7‑1 医学関係のデータベース PubMed に収録されている論文中に占める英語論文の割合.1950年以来一貫して増え続け,2009年には,91％が英語となった.資料:http://www.nlm.nih.gov/bsd/medline_lang_distr.html

関係の英語論文は,50年前には50％以下であったが,今では91％である.科学者は,自己表現のための武器として英語を使いながら,自分自身が英語に支配されていることを意識していない.その意味で,科学者は,まさに「幸福な奴隷」といってもよい.

科学が普遍語で語られるのは,普遍性という学問の本質から考えて当然のことである.歴史的に見れば,学問上の普遍語は,ラテン語であり,ドイツ語,フランス語,漢語であった時代もあった.いずれの時代でも,科学者は,その本質において,幸福な奴隷とならざるを得なかったのである.その「ご主人様」が,英語になったというだけの話

である.

　同じ学問といっても，わが国の場合，人文・社会科学系の学者たちは，まだ，幸福な奴隷どころか，奴隷にもなっていない「幸福な」状態にある．彼らの多くは，普遍語というご主人様を無視して，いまだ日本語の世界で生きている．このため，わが国のこの分野の科学は，言語的に孤立し，世界から認知されることが少ない．

　しかし，すべての人文・社会科学を同じように扱うのは不公平というものであろう．社会科学のなかでも経済学は，数理的な解析手法もあり，英語で発表することが多い．それに比べると，法学，政治学の世界はまだ奴隷にもなれないでいる．

　人文科学分野では，むしろアカデミアの外にいる文学者が積極的に発言するようになってきた．水村美苗もその一人である．村上春樹が，エルサレム文学賞の授賞式において英語で講演した 'Of Walls and Eggs' に，世界中の人は感銘を受けたのではなかろうか．柄谷行人の『トランスクリティーク』は，日本では注目されなかったが，英語に訳されて世界の注目を浴びるようになった.

　人文・社会科学も，いつの日か，学問のもつ本質ゆえに，普遍語に支配される「幸福な奴隷」にならなければならないだろう．

「世界トップレベル研究拠点」（WPI）の試み

　21世紀になってからのノーベル賞受賞者が世界2位ということからも分かるように，日本の科学者は，国際的に高

く評価されている.しかし,わが国の大学,研究所は必ずしも世界に開かれている存在ではなく,外国からはむしろ,日本人のための大学,研究所と見られているのではなかろうか.

このような状況から抜け出すため,政府は2007年10月,「世界トップレベル研究拠点」という野心的なプログラムを発足させた.WPI (World Premier International Research Center Initiative) と呼ばれるこのプログラムは,わが国に真の意味で国際的な研究機関,すなわち国際的に開かれた,世界から見える (Internationally opened, globally visible) 最先端の研究所を作ろうという試みである[*].私は,WPIのプログラム・ディレクターとして,その目的を達すべく,発足以来努力してきた.

WPIの一つの目的は,国際化である.国際的にトップレベルの研究者が集まり,若い研究者が世界中から集まってくる.そのような研究所にするためには,環境整備が大事である.英語で仕事ができるようにするためには,研究者だけでなく,技術者,事務職員も英語で応対できるようにならなければならない.外国人研究者のための生活環境を整えなければならない.子供たちの学校,配偶者の就職などは,われわれだけの努力ではどうにもならない点があ

---

[*]2011年現在,次の6研究センターが設立されている.東北大学 (AIMR):材料科学,東京大学 (IPMU):宇宙科学,京都大学 (iCeMS):細胞生物学,大阪大学 (IFReC):免疫学,物質材料機構 (MANA):ナノテクノロジー,九州大学 (I^2CNER):水素エネルギー.URL:日本学術振興会＞http://www.jsps.go.jp/j-toplevel/index.html

るが,自治体,大学の協力により,確実に進んでいる.

注意してほしいのは,WPI が英語だけを実用語 (working language) にしているのではなく,日本語も並行して使う日英語のバイリンガル環境にしていることである.もし,一人でも日本語が分からない人がいれば,会議は英語にする.全員が日本人であれば,日本語でよいというのが基本方針である.その点,ユニクロや楽天とは異なっている.

私がかつて勤務していた国際機関(WHO 国際がん研究機関,リヨン,フランス)も,英仏2ヵ国語のバイリンガル環境であった.何人かで話をしているとき,一人が Yes というと,そのあとは英語になり,誰かが Oui というと,それをきっかけにフランス語になる.英語とフランス語が入れ替わりながら会話が進んだ.

わが国が言語的孤立から抜け出すためには,英語を公用語にするのではなく,いつでも言葉を切り替えられるような,バイリンガルな言語環境にすることが必要ではなかろうか.WPI は,そのような環境を大学内に持ち込むための一つの実験でもある.

2. 世界の共通語,Globish

映画『ローマの休日』(1953年) の最後に,オードリー・ヘップバーンの王女様が,各国の新聞記者たちからインタビューを受けるシーンがある.記者たちは,新聞社名とともに自己紹介をし,質問するのだが,その英語は,ドイツ人はドイツ語のように,フランス人はフランス語なま

りであったのを覚えている.

　世界中で,フランスなまり,日本語なまり,インドなまり,シンガポールなまりなど,さまざまな英語が飛びかい,それで十分コミュニケーションが成立している.英語の世紀の今,国際コミュニケーションは,英語という英国生まれの言語から派生したさまざまな英語によって成立しているのだ.

　English は,いまや,数えられる (countable) 名詞になったのである.さまざまな英語が通用している現実を考えれば,Englishes と複数形で英語を表すべきであろう.[75] 日本語なまりの英語も,「英語たち」の仲間の一人なのである.日本語なまりを恥じる必要はない.

Globish を話す

　正直に言って,ネイティブの話す英語よりも,イタリア人や韓国人の英語のほうが,われわれにとっては分かりやすい.ところが,そこに,アメリカ人やイギリス人が入ってくると,途端に英語が難しく,分かりにくくなる.そのような経験はないであろうか.

　それは,われわれの Broken English のためであると考えていた.いつか,ネイティブのように英語を話したい.それなのに,いつまでも英語が上手にならない自分を情けなく思い,劣等感をもつようになる.下手だと思うと,ますます英語を話すのを尻込みするようになるというのが,慎み深いが鈍感ではない日本人の大方ではないだろうか.

　フランス人のネリエール (J-P. Nerrière) は,日本 IBM

に勤務していた1990年代,日本人や韓国人の英語のほうが,ネイティブの英語よりも,彼らの間では意思疎通ができやすいことに気がついた[74].ネリエールは,英語を母語としない人々(ノン・ネイティブ)の間の共通言語として,Globishという言葉を創出した[73,74](図7-2).言うまでもなく,Globishは,global English に由来する合成語である.

Globish は次のような英語である.
- ノン・ネイティブのための分かりやすい英語
- 国際社会のコミュニケーションのための英語
- ブロークンではない英語
- 受け入れることのできる(acceptable)英語
- 1500語で通用する英語
- 自然発生的に生まれたボトムアップの英語

これこそ,われわれの求める英語ではなかろうか.

ネリエールは言う.ノン・ネイティブがお互いに話しているとき,多くの間違いがある.発音もおかしい.単語は別の意味に使われたりする.ネイティブは,ひどい英語と思うかもしれないが,ノン・ネイティブの間ではコミュニケーションが成立し,それを楽しんでいる.しかし,そこにネイティブが入ると,会話は一瞬止まる.みんな間違った英語を話すことを恐れて,話さなくなるのだ.

ネリエールは続ける.英語によるコミュニケーションが成立しないとき,ネイティブは次のように言うであろう[73].

I was born with English as a mother tongue, and I started listening to it—and learning it—in my

第7章 英語の世紀を生きる

図7-2 ネリエールによる *Globish*

mother's arms. If you do not understand me, it is your problem. My English is perfect. When yours gets better, you will not have the same difficulty. If you lack the drive to learn it, this is your problem, and not mine. English is the most important language. I am not responsible for that, but there is nothing I can do to make it different.
(Globish 英語を分かってもらうため,あえて訳さない)

　これこそ,無邪気で鈍感な人々の典型的発言ではなかろうか.しかし,Globish を理解する人であれば,まったく反対のことを言うに違いない.

Today, I must speak at the Globish level so this other person can understand me. If my listeners do not understand me, it is because I am not using the Globish tool very well. This is my responsibility, not theirs.

1500語で十分

『オックスフォード英語辞典』には，61万5000語が記載されているが，普通にネイティブが使っているのは，3500語という．ネリエールは，Globish に必要な単語として1500語を選んだ．たとえば，Kで始まる単語は次の12語が選ばれている[73]．

keep　key　kick　kid　kill　kind　king
kiss　kit　kitchen　knife　know

この程度であれば，誰でも知っているであろう．しかも，1500の単語を組み合わせたり，接頭語，接尾語をつけるなどすると，さらに多くの単語を知ることができる（例，weekend, careful, take out）．難しい単語は置き換えればよい．my nephew（甥）の代わりに，the son of my brother といえばよいのだ．医師の立場から見て気になるのは1500語には，病気の名前は一つも入っていないことだ．Globish は，健康な人の普通の英語が基準ということになろう．

2009年，作品賞，監督賞など8部門のアカデミー賞を獲得した『スラムドッグ＄ミリオネア』は，Globish 映画と言ってもよいであろう．『ラスト・サムライ』（2003年）で，

渡辺謙が話しているのも，Globishである．英語の世紀に入った今，今後世界の「普遍語」となるのは，Globishであろう．

3．英語の世紀の日本語

日本語を守るのは日本人だけ

英語と異なり，日本語は残念ながら，日本だけでしか使われていない言語である．ケベックで日本語を教えている金谷武洋によれば[81]，世界の133ヵ国・地域で日本語を習っている人は，およそ298万人に上るというが，「国語」としての日本語が使われているのは，日本のみという事実は変わらない．

日本語が日本でしか使われていないことは，日本語を守るのは，われわれ日本人しかいないことを意味している．日本人が日本語を大切にしなければ，日本語は滅びてしまうのだ．われわれは，英語の世紀にあっても，日本語を大事にしなければならない．

日本人と日本語は絶滅危機

肝心の日本人が滅びたらどうなるだろうか．話す人がいなくなれば，言葉は滅びる．そのようにして，たくさんの言葉が滅び，今も滅びつつあるのだ．日本人が滅びたら，日本語も滅びる．

ここに驚くべきデータがある．国立社会保障・人口問題研究所のホームページには，わが国の将来人口の推計が掲

表7-1 日本の人口推移と日本語の運命

	総人口(1000人)	日本語の運命
2008	127,692	
2010	127,484	
2050	92,014	
2100	46,632	移民用日本語開発
2200	11,953	日本語の危機
2300	3,064	日本語は希少言語に
2400	786	
2500	201	
2600	52	
2700	13	
2800	3	
2900	1	
3000	0	日本語の消滅

資料 国立社会保障・人口問題研究所のURLから,人口統計資料集＞各年度版＞人口動態率＞出生率,死亡率一定による人口指標で入る.この予測の基礎となっているのは,寿命,特殊出生率(女性1人が生涯で産む子供の数),出生児の男女比の3つの数字である.このうち,大きく変動し得るのは,特殊出生率のみである.出生率を上昇させない限り,残念ながら,この予測は現実になる.

載されている(表7-1).2008年の出生率,死亡率などがそのまま一定に継続すると,わが国の人口は,2900年には1000人,3000年には0人になってしまうというのである.

日本人絶滅の前に,人口減少により日本が円滑に運営できなくなる時代が,間違いなくやってくる.2100年には,日本の人口は今の半分以下の4700万人になる.こうなると,日本は移民政策を導入しなければ,国を運営できなくなるであろう.2200年には1200万人になり,日本語は危機的状

況に陥る．2300年には，日本語は300万人の人によって話されるだけの希少言語になる．そして，3000年，日本人の消滅とともに，日本語は消滅する．1200年前，世界に誇る『万葉集』を編んだわが国は，これからわずか900年後には消滅するかもしれないのだ．

人口減少こそ，日本人と日本語を守るために，今，真っ先に取り組まなければならない課題である．2010年11月，『エコノミスト』は，わが国の急速な高齢化と人口減少を，「The Japan syndrome」として取り上げた．[82] 特集記事のタイトル (Into the unknown) が示すように，日本は，世界歴史にとっても未知の世界に，真っ先に入ろうとしているのだ．日本の政治は，その手腕が世界から注目されている．

Glopanese

わが国は，すでに外国人の援助が必要な状態に入っている．2008年に看護と介護の応援にきたインドネシアとフィリピン看護師たちは，まさにその先駆けであった．しかし，日本で正式に働くためには，日本の免許を取らねばならない．残念なことに，1年後に国家試験を受けたとき，彼女たちの合格率はわずか1％にすぎず，99％の人は本国に帰らざるを得なかった．

このように低い合格率の原因として指摘されているのは，日本語の問題である．専門用語の多くは，誤嚥ご えん，褥瘡じょくそう，仰臥位ぎょうがいなど，日本人にも読み書きができないような難しい漢字である．滞在わずか1年の外国人に，このような問題が無理であることは，何年勉強しても英語が話せない日

本人にはよく分かっているはずである.

　外国人を受け入れなければ生き残れなくなったわれわれは日本語を母語としない人たちのための"Glopanese"を考えなければならないだろう. 日本人が生き残るために, そして日本語が生き残るためには, 日本語自身も変わっていかなければならない時代になったのである.

4. 英語を学ぶ

日本人の英語

　英語に堪能(たんのう)な人というと, どんな職業を想像するであろうか. まず, 英語の先生, そして外交官. どちらも英語が上手でなければ, 仕事にならない職業であると, 誰しもが思う. ところが, 会話で苦労する大学の英語の先生, 英語で外交交渉ができない外交官がいるのだ.

　O・ヘンリーの小説などを翻訳している大津栄一郎は, 50歳を過ぎて, ハーバード大学に留学した. そのときの経験を正直に告白している[44].

　1年たっても英語はうまくならなかった. 教授と学生たちがくつろいで話しているときなど, ひと言も分からなかったし, いつまでたっても英語で話すのが楽になることはなかった. それに半年たった頃には, 結局このままで終わるということが, 残念ながらなんとなく分かってしまった.

第7章 英語の世紀を生きる

　大津栄一郎は,「日本人が英語を上達するには, なにより,「世界観」を変えなければ」と忠告される. そのときの経験から, 彼は,『英語の感覚』という名著を後に書くことになる[44]. この本を読むと, 彼は話すことは苦手であったが, 深く英語を理解していたことが分かる.

　第二次世界大戦直前の日米交渉について, ハル国務長官は, 交渉相手であった野村吉三郎駐米大使について, 次のように語っているという[75].

　　野村の英語はひどかった (marginal) ので, 私はしばしば彼がこちらの話していることが本当に分かっているのかどうか疑問に思った. ……交渉では,「野村自身が深刻なお荷物だった」.

　多くの戦死者を出し, 日本を破壊に追い込んだ外交交渉が, このような貧しい英語力の外交官に任されていたとは, 驚くと同時に情けなくなる. しかし, これを過去の話といってはいられない. 英語力の不足は, 今後も, 外交問題を引き起こす可能性がある.

　外山滋比古の『ユーモアのレッスン』には, クリントン大統領と当時のわが国の総理大臣との会話が紹介されている[83]. ラグビーには強かったが英語はほとんど勉強してこなかったという首相は, 最初の挨拶を教わって会談に臨んだ. ところが "How　are　you?" と言うべきところを, "What are you?" と言ってしまった. 驚いたクリントン大統領は, 機転を利かせて, "I　am　Hillary's　husband." と答えた.

表7-2 アジアの主な国の国際力 IMD調査資料[84]

	学生語学力	学生海外留学	マネージメント層 国際経験
香港	25	2	2
韓国	34	10	44
台湾	37	16	25
中国	42	48	57
日本	55	41	52

数字は,IMD調査57ヵ国中の順位
学生語学力:企業ニーズへの合致度
学生海外留学:人口1000人あたり高等教育学生留学数
マネージメント層国際経験:経験の深さの指標

"And you?" と聞かれたわが首相は,教えられたとおりに,"Me too." と答えたという.

ライシャワー元駐日米国大使は,「何十人もの日本の閣僚と知り合ったが,そのうちで,知的に真剣な会話を英語でかわすことのできるのは,せいぜい3名しか思いつかない」と,著書のなかで述べているという[75].選挙区と政局という二つの「キョク」ばかりを気にしているような政治家たちに,国際的な場で,英語を使い,外国と対等に交渉することを期待するのは,無理なのであろうか.しかし,私の知る限り,若手の政治家,官僚たちは,英語を使いこなし,国際会議でも,堂々と意見を述べるようになってきた.

若い人の英語力

スイスに本部を置く,国際経営開発研究所(IMD)の調査によると,日本の学生の語学力は,調査対象全57ヵ国・地域中55位である(表7-2)[84].さらに,学生の海外留学は

第7章 英語の世紀を生きる

世界41位,マネージメント層の国際経験は世界52位である[84].いまだに,鎖国時代が続いているような数字に驚かされる.

2010年12月,『サイエンス』は,わが国の若い研究者が外国に出ないことを取り上げた.その報告のタイトルは,'Will homebody researchers turn Japan into a scientific backwater?' であった.引きこもり(homebody)研究者により,日本のサイエンスが取り残される(backwater)であろうと,国際的影響力ある雑誌によって指摘されたのである[85].

アメリカの高等教育機関で学ぶ学生の英語能力を見るTOEFLテストで,日本は,アジア5ヵ国の中では最低の67点である(表7-3)[86].世界の国々の中では,日本は下から28%のところに位置することになる.一般的な英語コミュニケーション能力を見るTOEICテストでも,日本は韓国,香港から大きく引き離されている[84].このような低いレベルが続けば,わが国の国際競争力は,ますます低下するのは間違いない.アジアの中で,わが国が圧倒しているのは,ノーベル賞くらいである(2010年現在,日本17名,中国,韓国は平和賞各1名).

このような状況にもかかわらず,私は,日本の科学の将来についてそれほど悲観してはいない.45歳以下の優れた若手研究者に授与する「日本学術振興会賞」,天皇陛下の御下賜金により創設された優秀な大学院生を表彰する「日本学術振興会育志賞」の審査に同席し,非常に優秀な研究者,大学院生が大勢いることを心強く思った.確かに,留学は学問に対するハングリー精神の一つの表れではあるが,

表7-3 アジア5ヵ国の
TOEFL得点（86）

	TOEFL得点
香港	81
韓国	81
中国	76
台湾	74
日本	67

TOEFL-iBT：120点満点（2009年）．
因みに，最高点はオランダ（101点），デンマーク（100点）であった．

今の日本は，われわれのときとは比べものにならないくらい研究環境が整っている．日本でも十分に研究ができるのだ．事実，日本学術振興会賞の受賞者の3分の2には留学経験がない．

英語教育はいつから始めるべきか

日本人の英語を何とかしなければならない．このままでは世界から取り残されてしまう．中学，高校の6年間，英語を教わったのに，ほとんど何も話せない．外国に行ったとき道を聞くこともできなければ，日本で外国人に道を聞かれても答えられない．英語教育はこれでよいのだろうか．

英語教育をめぐる議論の中心は，小学校のときから，早期教育を行うべきかどうかである．たとえば，次の三人の意見は，その代表的なものであろう[87]．

①英語は必要な人だけが使えばよい．そもそも英語が必要な人など，国民の1割もいないのだ．英語を使う1割の人のための時間があるのであれば，水泳を教えた

方がよい．泳げなければ命を失うが，英語を知らなくても死ぬことはない．（成毛眞,　外資系会社社長）

② 小学生にとって大切なのは国語である．日本人にとって，日本語はあらゆる知性の基盤なのだ．母国語で培った十分な知性があれば，英語は越えられない壁ではない．ただし，英語はだらだら続けても身につかない．中高生のときに，歯を食いしばって，豊富な語彙をもつようにすることが大切である．（大西泰斗,　言語学者）

③ 日本人の英語は，世界で一番発音が悪い．それは，カタカナで憶えるからである．発音が悪いと，恥ずかしくなって話せなくなる．話せなければうまくならない．発音をよくするためには，カタカナで憶える前に，幼稚園，小学校の頃から，ネイティブの英語に触れておくのが大事である．（デーブ・スペクター，タレント）

　考えてみると，私の場合，終戦前後の小学生時代は英語どころではなかったし，中高校では理屈で割り切れない英語は好きになれなかった．しかし，研究生活に入り，アメリカに留学し，国連機関で仕事をするうちに，英語の「幸福な奴隷」になってしまった．その意味では，言語学者のいうとおり，英語は必要に応じて集中的に学べば，追いつけると思う．一方，アメリカ，フランスで義務教育を受けた子供たちを見ていると，小学生のころから言葉に接していたほうが，発音がよいのは確かである．英語の早期教育が必要であることはよく理解できる．

　このような議論を受けて，文科省は指導要領を10年ぶり

に改訂し，小中高校の英語教育を大幅に充実させる方針を決めた．すなわち，

①小学校：2011年度から，5，6年生に，週1コマの「外国語（英語）活動」を必修とする．
②中学校：2012年度から，授業時間を現行の週3コマから4コマにする．
③高校：2013年度から，英語の授業は英語で行うことを原則とする．中学，高校で指導する英単語は，現行の2200語から3000語に増やす．

このうち，中高の英語教育については，納得のいかない点がある．第一に，高校で英語の授業を英語で行うというのは，先生の実力から考えて無理であるし，その程度で英語のコミュニケーション力がつくなど考えられない．高校時代は，文法と読解の基本をしっかりやるべきである．第二に，語彙は多いほうがよいが，3000語に増やして，本当に英語の実力が上がるのだろうか．まずGlobishの1500語を使って，英語を話し，書けるようにすべきであると思う．

外国語は日本語を豊かにする

英語に割く時間があれば，日本語を教えるべきだと主張する人が多い．しかし，英語を学ぶことは，日本語を新たな目で見る機会にもなり，それにより，日本語力も上昇するのではなかろうか．小田実（1932-2007）は，次のように述べているという．[75]

外語を学ぶ目的は，自分の思考のふり幅をひろげ，思考

を豊かにすること，自分の母語のふり幅を大きくしてそれを豊かにもすれば強くもすること．

外国を旅行し，あるいは外国に住むと，日本を改めて見直すことができるのと同じである．

同じように，第二外国語を学ぶことは，第一外国語（多くは英語）を強化することにつながる．たとえば，ラテン系の言語を学ぶと，文法の違い，単語の語源などがわかり，英語への理解も深くなる．大学の教養教育において，第二外国語を軽視する傾向があるが，それは間違いである．

大学の英語教育

英語の授業は，中学，高校そして大学へと続く．大学の最初の1～2年間，一般教養の一部として語学の授業がある．必ずしも英語を取らなくてもよいが，第一外国語として英語を選ぶ学生が多い．

学生に英語の実力をつけることは，社会に向けて教育の質を保証するという意味で，大学にとって重要なテーマである．実際，いくつかの大学では，卒業のために必要な英語のレベルを設定している．たとえば，東京工業大学は，TOEIC730点以上を全学の目標として掲げている．合格最低ラインは，500－650点で学科ごとに設定しているという．

学長をした経験からいうと，大学内にこのような，明瞭な目的意識をもった英語教育を持ち込むには，多くの困難を伴う．TOEIC，TOEFL，英検などによって，学生の英語の実力を評価し，そのための講義を導入しようとすると，

表7‑4 国立大学工学部の英語入試実施状況
（2009年度前期個別試験）

個別試験における英語入試	大学数	%
全学科で実施	20	35
一部学科で実施	3	5
全学科で実施していない	34	60
合計	57	100

真っ先に反対するのは，英語を担当している教員である．英語教育はそのような試験のためにあるのではない，お互いの文化の理解のために学ぶのだという彼らの主張も分からないわけではないが，多くの学生は，高い授業料を払って，英語学校に通っているのである．企業にとっても，大学が学生の英語の質を保証してくれれば，安心して採用できるであろう．

　大学の学部の中で，卒業後もっとも英語が必要となるのは，工学部であろう．ものづくりの拠点が国外に移動した今，中堅の技術者は英語を使って仕事をせざるを得ない．ところが，工学部の教授会は英語教育に熱心ではない．工学部にとって大事な数学と物理をしっかり勉強しておけば，英語などはあとからでも大丈夫だという．そのために，英語はセンター入試だけですませている工学部が少なくない．

　私が調べたところでは，国立大学の工学部57校のうち，個別試験（大学独自の試験）に英語を課していない大学が大半（60%）を占めていた（表7‑4）．このため，英語の苦手な学生が工学部に入ってくることになる．センター入試の英語の点数から見ても，工学部学生の英語の実力はかなり低いことが分かった．私は，工学部の入試に英語を課

すよう，学長としてずいぶん主張したのだが，工学部教授会に受け入れられなかった．

　考えてみると，日本の大学生は，ほとんど英語に頼らなくとも，日本語だけで，十分に勉強できるという恵まれた環境にある．日本人による優れた教科書に加えて，世界の優れた教科書は，ほとんど日本語に翻訳されている．その上，専門用語も，日本語である．翻訳大国であることが，学生を含めた日本人の英語力を低下させる一因にもなっている．

　そもそも，学生に英語を学ぼうという熱意がない．英語で自由に話ができる English　Lounge という時間を昼休みに設け，私自身も学生と英語で話すために参加したのだが，参加するのはほとんど教育学部の英語専攻の学生であった．一般の学生は，留学生とも積極的に英語で接しようとしない．シャイということもあるだろうが，基本的に英語を学ぶ意欲が低いと思わざるを得ない．

　『ニューズウイーク』によると，北京の中国人民大学では，毎週金曜日の夕方になると，数百人が自発的に「英語コーナー」と呼ばれる小さな広場に集まり，"Yes, we can" と叫び，熱心に英語で話し合うという．[74] 中国全土の大学のキャンパスで繰り返されているこの光景は，中国の若者が，国際社会に仲間入りしようという強烈な意欲の表れである．

5．英語を話す

　英語が上手になりたいという人は，ネイティブのように

話したいという.しかし,それは無理な話であり,あきらめたほうがよい.生後数ヵ月くらいから始まる意味のない発音(喃語,babbling)は世界共通であるが,言葉を覚えるにしたがい,のど,舌の筋肉の微妙な動かし方が次第に固定されてしまう.その修正が可能なのは,せいぜい10歳くらいまでといわれている.英語に限らないことだが,ネイティブのように話すためには,口腔内の筋肉の動きが母語と非常に近いことが条件になる.オランダ人とデンマーク人のTOEFL得点が高いのは(表7-3),彼らの母語が,発音のための筋肉も含め,英語に近いためであろう.

英語上達のためにネイティブと話す

ノン・ネイティブ同士でGlobishを話しているほうが気が楽なのは確かだが,上達したいと思ったら,積極的にネイティブと話すべきである.単語,表現,発音,アクセント,イントネーションなど,自己流で話していた間違いに,あらためて気がつくであろう.相手が聞き取れなかったら,自分の発音,アクセントに問題があることが分かる.ネイティブの表現を聞いて,自分の英語表現を豊かにする.分からないことがあったら,積極的に質問すべきである.ネイティブと話しているときには,英語を学ぼうとする姿勢が大事である.

ネイティブとは限らないが,よい英語とつきあっていると,英語も上手になる.ネイティブでも,変な英語を話す人とばかり一緒にいると,英語も変になってしまう.映画『ローマの休日』には,イタリア人のタクシー運転手と話

すうちに，グレゴリー・ペックの英語もだんだんおかしくなっていく様子が描かれている．言葉は感染するのだ．

カタカナの責任

タレントのデーブ・スペクターは，日本人の発音が世界でも一番悪いのは，カタカナのためであるといった（175ページ）．正確に言えば，カタカナが悪いのではなく，カタカナで英語の発音が表現できると思っているのが間違いなのである．もっと正確に言うと，日本語にはアイウエオという5つの母音しかないこと，子音の数も限られていることが，日本語以外の発音をぎこちなくしているのである．

カタカナは，外来語の受け入れ窓口として便利な文字である．カタカナを使えば，外来語と日本語の見かけ上の共存が可能である．しかし，問題は，カタカナに依存しているうちに，カタカナそのものを外来語のように錯覚してしまうことである．

外国人の英語の教師，日本語を習っている外国人に聞けば，カタカナを問題にする人が決して少なくない．会話教師のイギリス人から，日本人の英語の間違いには，カタカナに原因があると思われるものが少なくないと言われたことがあった．たとえば，本来は「主張する」という意味である「クレーム（claim）」を「文句をつける」という意味だけで理解している．「ワン・パターン」を英語の表現として使うなど，ワン・パターンな間違いが少なくない（英語としては，a pattern というべき．後述するようにアクセントも間違っている）．

「ウイルス」はカタカナなので，英語と思っている人が多いであろう．実は，「ウイルス (virus)」は，日本ウイルス学会が，ラテン語の発音を基に，日本語表記として定めた日本独特の言葉である．英語では [váirəs] と発音する．医学関係者はこの事実をよく知っているが，コンピュータ関係者のなかには，ウイルスが通じなくて困った人が少なくないのではなかろうか．

そもそも，外来語だけのために使う文字があること自身が不思議な話である．その程度の使い方であれば，イタリック体にするとか，アンダーラインを加えればすむはずであるが，われわれはカタカナを捨てられないでいる．

英語らしく話す

日本語なまりの英語を恥じることなく，堂々と話せばよい．とはいうものの，何回も聞き返されるのは，気分のよいものではないし，そのうち自信を失ってしまう．同じ日本なまりにしても，聞き苦しくない程度の英語らしい発音をしたいものだ．

そもそも，英語の発音ほどいい加減なものはない．フランス語，イタリア語などは，スペリング*と発音の間には一定の規則があり，それさえ分かれば，きちんと発音できる．ところが，英語はスペリングと発音は一致していない．たとえば，ough は，cough, tough, though, through（それぞれ [kɔf] [tʌf] [ðou] [θruː]）のように，4種類に発音される．

加えて，アクセントの位置にも規則性がない（次項参照）．

第7章　英語の世紀を生きる

このため，英語では，一つ一つの単語について，発音を覚えなければならないのだ．ネイティブにとっても，発音だけからスペリングは覚えられず，目で覚える部分も大きいという．[73] 発音を考えれば，英語は決して取っつきやすい言語ではないが，日本語ほどではない．漢字は，英語以上に発音が不規則である．たとえば，「行」は，音読み訓読みを含め，次の6通りに読まれる．行進，行列，行脚，行方，行く，行う．

英語の子音，母音は，日本語とは相当違って発音される．子音の中でも，th, v, r, l などは，日本語には本来ない発音である．特に，r と l は，日本人にとって正確に発音し，聞き取ることは困難である．

r の発音は，国によってずいぶん違う．フランス語では，のどの奥から出される摩擦音であるのに対し，ドイツ語では，重々しく発音する．r は口腔の後ろから，l は舌を上顎につけて口腔の前から出すようにすれば，少しは発音がよくなるように思う．

そもそも，どの言語にしても，ネイティブと同じに発音するなどほとんど不可能な話である．フランス，ドイツ，ポーランド，ハンガリー，インド，中国本土出身の学生に，英語の文章を繰り返し読ませ，発音を分析したところ，ネイティブのように発音できない単語が少なくなかった．なかでも，mud は，6ヵ国の全員が，near, thing は5ヵ国

＊スペルは，名詞として日本語化しているが，spell は動詞である．綴りを意味する名詞は spelling である．名詞としての spell は，「ひと続き，しばらくの間」の意味である．

の学生が発音できなかったという．しかし，それぞれに問題があったとしても，It is enough to understand and to be understood と，Globish の提案者は述べている[73]．

リヨンでフランス語を習っているとき，イギリス人にはできないが，日本人である私にできるフランス語の発音が少なからずあるのを発見し，溜飲(りゅういん)を下げた思い出がある．たとえば，une（不定冠詞の女性形），sur（上），sous（下）の母音などである．ところが，英語の「I」にあたる「je」は，なぜか，私にとって難しい発音の一つであった．個人教授の時間，若い女性の先生とお互いにのどに手を当て，響きを確認しながら教わったのだが，そのためか，何回やってもできるようにならなかった[89]．

アクセント

アクセント（accent, stress）とイントネーション（intonation）に気をつけると，少しは英語らしく聞こえる．これなら，日本語の発音に固定してしまった口腔内の筋肉でも可能である．

私の友人は，アメリカに留学したとき，バリカンを買うために店に行ったが，バリカンと言っても通じない．バーリカン，バリーカン，バリカーンとアクセントの位置を変えても通じないので，あきらめたという．実は，バリカン（Bariquand）は，日本に最初に輸出したフランスの会社名である．英語では，hair clipper である．いくらアクセントが重要といっても，言葉が違っていたら分かるはずがない．

第7章　英語の世紀を生きる

　バリカンと同じように，半ば日本語化している言葉ほど，アクセントを間違いやすい．たとえば，次のような単語である．

　デポジット
　デザート
　ホテル
　イタリー
　メルセデス
　パジャマ
　パターン

　日本語ではフラットに発音するこれらの単語は，アクセントをかなり強調して発音しないと，英語としては通じないであろう．

De<u>po</u>sit
De<u>ss</u>ert（**De<u>ss</u>ert** は砂漠）
Hot<u>e</u>l
<u>I</u>taly
Mer<u>ce</u>des（外国では普通ベンツとは言わない）
Pa<u>ja</u>ma
<u>Pa</u>ttern

　ボールド体にアンダーラインをしたところにアクセントを置けば，発音が悪くとも，あるいは，前後の音が少し聞こえただけでも，通じるはずである．

　イギリス英語とアメリカ英語で，アクセントの位置が違うことがある．たとえば，laboratory（実験室）は，イギリス英語では，la**bo**ratory と中央にアクセントを置くのに対

し，アメリカ英語では，**la**boratory と最初にアクセントを置く．

このように重要なアクセントであるが，困ったことに，英語の場合，その位置にも法則性がなく，一つ一つの言葉を耳で覚えなければならない．英語のような不規則な発音の言葉がなぜ普遍語になったのであろうか．

イントネーション

『オックスフォード英語辞典』によると，イントネーション (intonation) は，"the rise and fall of the voice in speaking, especially as this affect the meaning of what is being said." と説明されている．すなわち，話すときの声の上がり，下がりであるが，それによって話の内容をはっきりさせることができる．

逆に言うと，正確に発音した単語を並べても，イントネーションが明確でなければ，理解してもらえないことになる．さらに言うと，発音が少しくらい悪くとも，イントネーションさえしっかりしていれば，英語らしく聞こえ，意味も分かってもらえることになる．

一つの流れとして話す

イントネーションを効果的に使うためには，文章を一つの流れ (fluent) で言わなければならない．1932年，満洲事変の調査に来たリットン調査団は，「日本の指導者ときたら，英語の単語を一つひとつ取り出すたびに外科手術が必要だった」と書いているという．外科手術でなくとも，

「えーと」などと言いながら、単語を一生懸命並べたのでは、イントネーションを生かす術もない。

英語を一つの流れとして話すためには頭の中に英語の文章が入っていなければならない。英文を書くのは、英語を話す上で大いに役立つ。英文を書いているうちに、英文が一つの形として頭に蓄積し、話すときも、文章として話せるようになる。

英文の朗読を聞くのも重要な勉強法である。朗読を繰り返し聞き、それに倣って音読し、その上で、朗読の英文を筆写することが、もっとも効果的である。

Yes と No

英語に限らず、コミュニケーションの基本は、質問と答えである。直接的な質問に対しては、Yes／No で答えなければならない。ところが、Yes／No の使い方には、日本語と英語の間に違いがあり、誤解を招くことになる。大江健三郎の『あいまいな日本の私』には、次のようなエピソードが紹介されている。

> クリントン大統領がエリツィン大統領に、日本人は NO という意味で YES ということがあるから、気をつけるように！ と助言しました。……もし、クリントン大統領が、この「あいまいな」という日本語の形容詞を使っていたとしたら、（日本人の自尊心を傷つけたという）物議をかもすことはなかったのではないか？

大江健三郎も当然知っているはずなのだが，これは「あいまいさ」の問題ではなく，日本語の Yes／No が相手への同意／不同意を示すことによる．一つの例として，藤沢周平（1927-1997）の短編小説を見てみよう．[90]

……茂左衛門はふと夢から覚めたように声を掛けた．
「お里は，まだ見つからないか」
「はい」
宗助は閾際に膝をついて答えた．
「探しておりますが，まだでございます」
「続けて探してくれ」
宗助ははい，と言い，無表情に主人の顔を見返したが，一礼して部屋を出て行った．

最初の「はい」は，「見つからないか」という否定疑問文に対して，疑問者に同意するという意味の答えであって，質問の意味に対する答えではない．英語では，"No" と答えなければならないところである．それに対して，二番目の「はい」は，「探してくれ」という肯定文に対する返事であり，同時に質問者への同意でもある．英語でも "Yes" となる．

日本人が間違うのは，クリントン大統領が指摘しているように，否定疑問文に対して，No という意味で Yes と言ってしまうことである．私は，アメリカに留学しているとき，日本語でも，英語のように Yes／No を使うことにした．3ヵ月も続ければ，英語の使い方に切り替えられるよ

うになる.

　日本の方言の中には, 英語と同じようなYes／Noの使い方をしているところがある. 医師であると同時に優れた言語学者である, 友人の山浦玄嗣は, 十数ヵ国語を学んだ後, 生まれ故郷の岩手県気仙地方の方言を言語学的に研究した. 彼の診療所を受診した患者について調査したところ, この地方では, 36％の人が英語と同じYes／Noの使い方をしていることが分かった. ただ, 20歳代以下では皆無に近く, 将来的には, 標準語的言い方に吸収されていくのではないかという.

ヒアリング

　正直のところ, 私はヒアリングが苦手である. 話を聞いていても, ときどき, 聞き取れないところが出てくる. 国立劇場に文楽を観に行ったとき, 浄瑠璃がどのくらい聞き取れるかと思い, スクリーンに映される文章と比べたことがあった. そのときの感じでは, 浄瑠璃よりは, 英語のほうがよく分かると思った. ヒアリングとは, 人形浄瑠璃ならぬ, 英語浄瑠璃のようなものである.

　ヒアリングには, 音を正確に聞き取れる耳が必要である. そのためには, 英語を耳で覚えていなければならない. 特に英語の場合, スペリングと発音が一致しないことが多いので, 目で覚えた単語は, 必ずしも, 耳で聞き取れることにならない. 上述したように, 英語の朗読を繰り返し聞く訓練が, ヒアリングに生きてくる. 話に出てくる単語もGlobishの1500語だけとは限らない. キーワードになるよ

うな単語が一つ分からないと，話の筋書きがつかめなくなることもある．語彙は多いほうがよいのは確かだ．

話す人によって聞き取りやすい英語と聞き取りにくい英語がある．何しろ，「英語たち」なのだ．私にとって，King's English は，耳に心地よく，聞き取りやすいのだが，彼ら／彼女らが，無邪気にイギリス人特有の気取った話し方を始めると分からなくなる．私の友人に，こちらがどの程度分かるかを試すように，わざと難しく話し，ニヤリと笑うイギリス人がいた．

Globish もまた，「Globish たち」というべきであろう．聞き取りにくいお国なまりがあるのは当然である．フランス人の英語が分かりにくいという人が多いが，確かに，フランス語の発音の特徴を知らないと聞き取れないであろう．

Please speak slooooowly

聞き取れないときには，遠慮せずに，"Pardon"，"Excuse me.", "Would you say it again?" などと問い直す．言語的なセンスのある人は，ゆっくりと別な言葉で言い直してくれるのだが，無邪気で鈍感な人は，同じ文章を早口で繰り返す．分かるはずがないので，もう一度，"Would you speak slooooowly?" と言うと，初めて，自分の鈍感さに気がつく．それでも，一つ一つの単語は早口で話し，単に間をのばすだけのことが多い．

無愛想で鈍感な人々

一方，無愛想で鈍感な人もいる．たとえば，アメリカの

航空会社(エコノミークラス)のフライトアテンダントである. "Chicken or beef?" "Cereal or Pastry?" "How do you like your coffee?" "Cream and sugar?" (milk とは決していわない)などと早口で,無愛想に聞いてくる.お客が聞き取れないと分かると,英語の分からない人種は手に負えないという態度を露骨に示す.このような無愛想で鈍感な人には聞き直しても無駄である.出されたものを,黙って食べるほかない.

英語は臨機応変能力のテスト

まとまった時間英語を話していて,最初から最後まで完全に聞き取れたり,間違いのない英文を話したことなど,少なくとも私にはめったにない.聞いているときは,まるで穴埋め問題を聞いているようなものである.聞き取れなかったところは,前後の話から想像するほかない.何しろ,英語浄瑠璃なのだ.

話しているときには,1分間にいくつもの文法的な間違いに気がつく.たとえば,複数と単数,過去と現在,能動と受動の混同である.しかし,そのような細かい間違いを気にしていても仕方がないので,そのまま,話し続ける.話しているときに,英語でなんと言うべきか分からなくなることもしばしばある.たとえば,「あいまい」と言いたいのだが,vague, ambiguous のような単語を思い出せなかったとしよう.そのときには,not clear と言い換えればよいのだ.大江健三郎によると,日本語の「あいまい」に相当する英単語は,13にのぼるというのだから.

われわれは，母語でない英語を間違いなく話し，完全に聞き取ることなどできないのだ．となれば，勘を働かせ，想像をたくましくし，いかにごまかすかが大事になる．結局，英語は，どこまで臨機応変に対応できるかをテストされているようなものである．

大切なのは内容

英語が上手というとき，多くの人は，発音がきれいな人を思い浮かべるであろう．しかし，発音がいくら上手でも，内容があり，それを的確に表現できなければ，英語が上手とは言えない．たとえば，アナン前国連事務総長（ガーナ出身），潘基文(パンギムン)現事務総長（韓国出身），明石康(あかしやすし)元国連事務次長，緒方貞子(おがたさだこ)元国連難民高等弁務官の英語にはそれぞれの国のアクセントが残りながらも，世界から尊敬されている．それは，話す内容と表現に説得力があるからだ．英語の上手下手を，表面的な発音で判断してはいけない．問題はその中身と表現力なのだ．

英語が上手になるためには，われわれ自身の内面を豊かにしなければならない．外国に行ったとき，日本の歴史や文化，たとえば，坂本龍馬の役割，村上春樹の作品について，自分の意見をきちんと話せるくらいの教養がなければならない．

外国語は，所詮，「衣服」のようなものである．「からだ」があってはじめて形を見せる．衣服があまりぼろでも困るが，見苦しくない程度であればよい．あとは中身の勝負なのだ．

英語で発表する

 われわれ科学者は,当然のように,研究成果を英語で発表する.研究成果の発表という勝負の場で,母語でない言葉で戦うのは,幸福な奴隷にとっても,決して容易ではない.

 優れた分子生物科学者であると同時に,現代を代表する歌人でもある永田和宏は,自身の国際学会における発表を率直に歌に詠んでいる.[61,71]

 有無を言わさぬデータを積みて主張する
 　　たとえばアーチの最後に置く石

 完璧に勝ったぜと思い壇を降りる
 　　スタンフォードのライバルの前

 しかし,ライバルも容赦なく質問してくる.競争相手の英語は,ますます早口となる.聞き取れないところが出てきても不思議ではない.幸福な奴隷にとっても,英語で議論するのは,決して楽ではない.

 駆け引きをするには英語力不足
 　　未発表データもどんどんしゃべる

 敵として思い決めしか早口の
 　　英語にていつまでも議論をやめず

聞き取れぬ語尾をほどほどに推量し
　応えておればちぐはぐとなる

英語に疲れ抜けてきたれば縁(ふち)澄みて
　ニューハンプシャー上弦の月

6．英語を書く

　英語を書くときは，話すときよりもはるかに高い完成度が要求される．話す英語は，その場の瞬間的な反応なので，ある程度の間違いは許容されるが，書かれた文章は，ていねいに読まれるし，あとまで残るので，正確でなければならない．文法的に間違いのある英語論文，申請書は，それだけで信用性を失い，採択されないであろう．

　英語でも，日本語のときと同じように，知的三原則すなわち簡潔明解（clarity and brevity）で論理的な表現が，何よりも重要である．

　よい英語を書くためには，回りくどく，同じことを繰り返すような，redundant（冗長）な表現は避けなければならない．「レゲットの樹」で述べたような明解でない論旨の展開は，confusion（混乱）と思われるであろう．

　英語でよい文章を書くためには，まず，よい日本語が書けるようにならなければならない．日本語でも，何を言いたいのか分からない文章を書いている人が，英語になったら，突然論理的で明解な英文を書くなど考えられない．書

くにしても話すにしても，母語以上に外国語が上手なことなどあり得ない話である．その意味で，何をするにも，日本語を大事にしなければならない．

最初から英語で書く

英語で文章を書く場合には，最初から英語で書かねばならない．日本語を書いてから英語に訳したのでは，日本語文化が前面に出てしまい，英語らしくなくなる．再びレゲットの論文から引用しよう[33]．

It is tempting to think that the problem of writing good English is solved if one can write good Japanese and then give a perfect translation. I believe this is not necessarily true.
（よい日本語で書かれた文章を完全に翻訳すれば，よい英語になると思うかもしれないが，私は，必ずしもそのようにはならないと思う）

最初から英語で書くなど，とてもできないと思うかもしれない．しかし，最初に日本語で書いた文章は，レゲットが言うように，英語とニュアンスが微妙に違い，結局，英語の視点でもう一度書き直すことになる．大変でも，最初から英語で書くことである．英語を書いていると，自然に文章が頭に入り，英語を話すのも上手になる．

参考書,辞書

　日本語に頼らずに,英語を書くのには,どうしたらよいだろうか.まず,分かりやすい英語で書かれた教科書あるいは論文をいくつか選び,お手本となるような英文を探し,マーカーをつけることである.世界的に定評がある教科書は,分かりやすい文章で書かれている.文章を丸写しにするのではなく,例文を参考に,自分の文章を作るのである.

　言語学者が書いた本とは思えぬ不可解なタイトルであるが,『東大英単』は,きちんとした英語で文章を書こうとする人にとっては,非常に参考になる本である[92].この本に載っている単語は280語にすぎないが,すべて知的な文章を書こうとするとき,使いこなせなければならない言葉である.たとえば,「主張」したいとき,英語ではどのように表現すべきか.主張の程度,濃淡からさまざまな表現があることを,例文で教えてくれる.

　英文を書くとき,知らない英単語は和英辞典で探す.しかし,和英辞典だけに頼ったのでは,よい英文は書けない.さらに英和辞典で調べ,できたらオックスフォードなどの英英辞典で確認する.電子辞書になり,和英から英和,さらに英英辞典へのジャンプが容易になった.

　英文を書いていると,前置詞や副詞などの使い方が分からなくなることがある.たとえば「熱心に討論した」と書きたいとき,discuss に使うべき副詞を思いつかない.そのようなときに役に立つのは,『新編英和活用大辞典』(研究社)である.一つの単語を引くと,動詞+,+動詞,形容詞・名詞+,前置詞+,+前置詞などの小見出しのあと

に,たくさんの用例が示されている.たとえば,discussを修飾する副詞としては,adequately(十分に),calmly(冷静に),critically(批判的に),frankly(率直に),freely and rationally(自由かつ理性的に)など,50以上の例文が載っている.この辞書を使うと,より豊かな表現力の英語を書くことができる.

動詞を活用する

英文では,動詞を中心に文を組み立てたほうが,力強く表現できる.

A variation was found among wild animals.
→ Wild animals varied in

受動態より能動態のほうが,直接的で分かりやすい.

A study was performed on biodiversity in Okinawa.
→ We studied biodiversity in Okinawa.

回りくどい表現を避け,直接的で明瞭な文章を書く.たとえば,次のようなIt——to, It——thatのような文は感心しない.

It is our aim to study what
→ We aim at studying what
It was concluded that
→ We concluded that

be, have, do, make, find, perform, carry out のような特徴のない一般的な動詞が頻繁に使われていたら,平板な表現になっている可能性がある.動詞を活用するのが,英文を書くときのこつである.

エリザベス・市原によると,科学論文が三人称単数と受動態で書かれるようになったのは,1920年代からであるという[93].この書き方は,science style と呼ばれ,学術的論文にふさわしい英文といわれていた.しかし,専門家以外にとっては,退屈で面白くない表現のため,能動態で書くことが推奨されるようになったという.主語を使って表現することが少ない日本人にとっては,受動態は使いやすい英文である.このため,日本では,いつまでも受動態が幅をきかせることになった.

数えられる名詞と数えられない名詞

名詞は,普通名詞(common noun),固有名詞(proper noun),集合名詞(collective noun),物質名詞(material noun),抽象名詞(abstract noun)の5種類に分けられる.それぞれを,複数形が可能か,冠詞を使用できるかという観点でまとめたのが,表7 - 5である[44].

われわれがよく間違えるのは,数えられないはずの名詞を数えてしまうことである.これらの名詞を数えようとするときには,次のような言い方をしなければならない.

three bottles of wine

three lines of evidence

一方,同じ名詞でも,単数形と複数形では,意味が異なることがある.たとえば,time (時間,uncountable;回数,countable),人名(Obama,個人名;The Obamas,家族).因みに,「Englishes」は文法違反であるが,それを承知で,ネイティブが使う英語だけが英語ではないことを言うため

表7-5 名詞の分類による複数形と冠詞の使用

種類	例	複数形	冠詞
普通名詞	book, desk, mouse	○	○
固有名詞	Japan, Tokyo, Obama	×	×
集合名詞	family, people, audience	○	○
物質名詞	gold, fish, wine, water	×	×
抽象名詞	growth, evidence, art	×	×

資料：大津栄一郎『英語の感覚』(44)

に，確信犯的に使っている（163ページ）．

不定冠詞と冠詞

不定冠詞と冠詞の使い分けは難しい．
『THE がよく分かる本』には，次のような説明がある[94]．

> a／an も the も「一つです」といっている．ちがいは，a／an は「他にもあります」とささやいている．the は「他にはありません」と教えている．

すなわち，a／an と the に共通した条件は数えられること（countable）（表7-5）．その上で，他にあるか／ないかで，不定冠詞と冠詞の違いということになる．the は one and only を暗示している．

the のついた名詞は，読んでいる人が，あのことだと分かることが必要である．すなわち，the をつけることによって，書いた人と読む人は，その意味を共有できるようでなければならない．

ネイティブが言葉を探しながら話すのを聞いていると彼らの考え方が分かる．マーク・ピーターセンが指摘しているように，彼らは，the／a が先に出て，その後に続く名詞を探している．たとえば，

- I need the...the...the...the modem.
- I need a...a...a...a modem.

というように，まず，冠詞か不定冠詞かを頭に浮かべ，次に名詞が出てくるのである．

日本語で言えば，the...the...the...the は，「あれ，あれ，あれ」といった感じではなかろうか．つまり，どの modem であるかが本人に分かっている，あるいは話し相手との間に共通の認識があるという前提で話していることになる．

それに対して，a...a...a...a は，本人がどの modem か分かっていないか，あるいは聞き手の間に共通認識がないかであろう．

われわれは，最初に名詞があり，それに the をつけるべきか a／an をつけるべきかを考える．しかし，それとは発想がまったく逆なのだ．これでは，いつまでたっても，冠詞が分かるようにはならないだろう．むしろ，「あれ，あれ，あれ」という状況かどうかで，the／a／an を判断するというのも一つの方法かもしれない．

Only one（一つしかないもの）には the をつける．the earth, the United Nations, the Empire State Building などである．実は一つというわけではないのだが，identity を強調したいときにも，the を使うことがある．会社名や

建物の名前に多く見る．日本の広告によく見る「ザ・バーゲン」などは，むしろ，言葉の遊びの要素が大きい．

冠詞，不定冠詞には，例外が多すぎる．国名が複数のときには the をつける（たとえば，The United States of America, The Netherlands）が，単数の国名にはつけない．専門科学誌の中でも，*The Lancet*（臨床医学の最高誌）というが，*Nature, Science* には定冠詞をつけない．なぜか考えていても仕方がない．

結局のところ，ネイティブにしても，無意識のうちに使っているので，なぜ the をつけたのか問い詰められても答えられないことが多い．私は，留学しているとき，教授に the の使い方を聞いたが，感覚的に使っているので，簡単には説明できないと言われたことがある．日本語の「は」と「が」の違いと似たようなものである．私にとって，いつまでたっても，分かったようで分からないのが，a／an と the である．今でも，ネイティブに英文を見てもらうと，必ず直される．なぜ直されたのか分からないまま，従っている．

関係代名詞

英語らしい英語を書くには，関係代名詞を上手に使うことである．名詞（先行詞）を同定（identify）するときには，that あるいは which（コンマなし）を用い，説明（explain）するときには，「, which」（コンマ付き）を用いるのが原則であるが，実際には迷うことが少なくない．

ケルナーは，その著書の中で that か which か迷ったら，

incidentally（たまたま）という言葉を入れてみることを薦めている.[95] それによって意味が変わったら，関係代名詞以下の節は，先行詞と内容がしっかりと対応していることになるので，that にするという判断である.

The government conducted public hearing (Shiwake) on the science policy, which was reported (*incidentally*) in Nature.

この文では，incidentally を加えても意味は大きく変わらないので，which とすべきことが分かる（完成した文では，incidentally を除く）.

しかし，次の文章では，incidentally を入れることができないので，that がふさわしいことになる.

The government conducted public hearing (Shiwake) on the science policy that has supported (*incidentally*) science in Japan for many years.

7．英語でメールを書く

最近は手紙を書いて封筒に入れて送るということがなくなってしまった．すべてがメールである．特に，外国との連絡には，電話と違い時差を気にしなくてよいし，郵便のように時間がかかることもないので，ほとんどメールで済ます．

メールの中身は，私的な連絡から，契約書までさまざまである．普段の会話（rapport talk）のような文章，おおざっぱな表現が許されるのは，私的なメールのときだけであ

る.公的なコミュニケーションも,メールで行われるようになった今,申請,契約などを送るカバーリングレターは,きちんとした英語で書かなければならない.

　私は『科学者のための英文手紙の書き方』という本を出している[62].幸い好評のうちに1984年以来版を重ねることができた.この本は,科学者が遭遇するであろうさまざまの状況に即した英文手紙を,豊富な例文とともに解説したものである.その中からいくつかの役に立つ表現(useful expression)を再録してみよう.

返事の書き出し
　Thank you for your mail of November 13, 2010,
　　in which you offered
　　from which I am pleased to learn
　　informing that
　　inquiring about

依頼するとき
　I would appreciate your booking a room
　I would appreciate it if you could book
　I have a favor to ask of you. Can you book
　I would like you to book

喜んでする
　I am (so / very / absolutely / extremely) happy to
　I am delighted that

I am pleased that
I have (much / great) pleasure in ……ing
I am (quite) willing to
It is my pleasure to

返事が遅れたとき
    I regret that I have not been able to reply sooner
    I regret not having replied earlier to
    I am ashamed that I have not written to
    I am sorry for the delay in responding to your mail
    I apologize for not having kept you informed

急ぎのとき（急ぎの程度の順に示す）
    Please return the signed document immediately
    This matter is of great urgency
    Please reply as soon as possible
    I hope to hear from you at your earliest convenience
    I look forward to an early reply

結びの言葉
・お役に立てばうれしい.
    I hope this information is of help to you.
    If I can be of any assistance, please let me know.
・お会いできるのを楽しみにしています.
    I look forward to seeing you soon in Tokyo.
    I look forward to the workshop in New York.

- 仕事がうまくいきますように

  I hope that things go well for you.

  I hope that things are getting better.

- よろしく

  Please send my best regards to your colleagues.

  Dr. Sato joins me in sending his best wishes to

電子メールのトラブル

- 文字化け

  Your message of January 10 was not readable.

  (「文字化け」に相当する英語はない)

- 間違いメール

  The message below was transmitted to me by mistake.

  Please disregard my mail, which was sent out in error.

- ファイルが読めないとき

  I am unable to read your attachment.

  If the file is so large, please divide it.

  (ファイルが「重い」とはいわない．large が普通)

8．3行にまとめた大事なこと6点

　好むと好まざるとにかかわらず，われわれは英語の世紀に入ったことを認識しなければならない．しかも，それは，これからもずっと，来世紀も来々世紀も続くのだ．英語の

世紀を生き抜くのにはどうしたらよいだろうか.

① **「無邪気で鈍感な人」とつきあう**

「無邪気で鈍感」なネイティブとつきあうには,われわれ自身も「無邪気」に英語が大事だと思うほかにない.そして,英語の「幸福な奴隷」になることである.

② **Globish を使う**

英語はノン・ネイティブの言葉,Globish となったのだ.Globish は,ブロークン英語ではない.お国なまりがあっても,文法が間違っていても,堂々と話せばよい.

③ **英語が上手になるために**

Globish は気楽だが,ネイティブからも積極的に学ぶ.普段から,英語に親しむ.分からない言葉,表現はすぐに辞書で調べる.英語を学ぶのに年齢は関係ない.

④ **臨機応変に英語を話す**

英語のヒアリングは穴埋め問題,話すのは言い換え問題である.臨機応変に対応する能力,勘の良さが,英語を話すときに大事である.

⑤ **大事なのは日本語**

母語以上に外国語が上手になることはあり得ない.日本語で考え,表現する能力が,英語表現の基礎となる.英語は衣服にすぎない.大事なのは中身.

⑥ **きちんとした英語を書く**

文章を書くときには,きちんとした英語を書く.日本語を翻訳するのではなく,最初から英語で書くことにより,一つの流れとして英語を話せるようになる.

第8章　コンピュータを使いこなす

> パソコンを使っていると時々思う，突然のフリーズや削除で消えた夥(おびただ)しい量の文字やデータはいったい何処(どこ)へ行ってしまうのだろうかと．パソコンの中で，無数のさまよえる霊になっているのだろうか．
> ——荻原浩『明日の記憶』[96]

1. コンピュータを使う

最近のことである．明け方，トイレに行きたくなった．と思ったら，夢の中にコンピュータの画面が現れた．なんと，トイレというアイコンがあるではないか．しめたと思ってクリックしたが，画面も尿意も変わらない．そのとき，夢であることに気がついた．ダブルクリックしなくてよかった．

実は，私がコンピュータを始めたのは60歳で東大を定年になってからである．それまでは，すべて秘書に任せ，メールはプリントしてもらい，鉛筆で返事を書き，メールを送ってもらっていた．それが定年になった途端，すべてを自分でやらざるを得なくなった．ブラインドタッチになれるまでに少し時間がかかったが，今では，すっかりコンピュータ爺さんになってしまった．何しろ，コンピュータ画

面にトイレを作ってしまうほどなのだ.

この本のテーマである知的作業は,コンピュータを駆使することを前提としている.知的であるため,そしてこれからも知的でありつづけるためには,コンピュータが必要条件の一つであることには間違いない.

数台のコンピュータを使う

コンピュータは1台あればよいという時代でなくなった.オフィスと自宅にそれぞれ1台置く.さらに,3台目のコンピュータを出張先に持っていき,メールをチェックし,インターネットで検索し,仕事を続ける.これらのコンピュータ間でファイルを共有できれば,どこからでも,仕事ができることになる.

複数のコンピュータ間でファイルを共有する方法の一つに,SugarSyncがある.このソフトをインストールすると,My documentsにMagic Briefcaseが作られる.その中のファイルは,インターネット上にあるサーバーに自動的にバックアップされ,登録している他のコンピュータからアクセス可能になる.

ファイル共有ソフトのなかでもWinny,Shareのような匿名交換ソフトは情報漏洩の危険があるので絶対使わない.大学では学生,特に留学生が使っていることがあるので,常に注意を払う必要がある.

横長の画面

コンピュータのディスプレイは,横長のほうがよい.大

きい机の上で仕事をするように，2つのファイルを並べて広げられるからである．片側に資料を広げ，それを参考にしながら，片側のワードで文書を作る，というように，デスクトップ上の作業が楽になる．

USBメモリー

記録媒体もずいぶん進化した．90年代半ばごろは，名前通りの薄っぺらなフロッピー・ディスク（5インチ）であったが，3インチのディスクになり，間もなくCD，DVD，フラッシュ・メモリーに取って代わられた．USBメモリーは，その簡便性のため，今後も長く使われるであろう．

USBメモリーの最大の問題は，紛失する危険である．情報漏洩になりかねない．その上，使っているうちに，USBメモリーがたまってくる．筆入れの中，机の引き出しにも，何本ものUSBメモリーが入っている．どのファイルがどのUSBメモリーに保存され，コンピュータ本体と重複し，どれを残すべきか，など分からなくなる．

メールに保存する

野口悠紀雄の「超」シリーズにはいつも意表を突くアイデアと明快なメッセージがあり，私の愛読書の一つである．その1冊，『超「超」整理法』は，Gメールを活用して，デジタル・オフィスを作ろうという提案であった．いわゆる，クラウド・コンピューティング（cloud computing）[97]の考えである．

私は，野口悠紀雄にならって，ファイルの運搬を，USB

メモリーからウェブ・メールに切り替えた．具体的には，必要なファイル（ワード，パワーポイントなど）を，自分宛に添付書類として送る．それだけである．添付書類を開けば，家でも，出張先でも，すぐに仕事が続けられるというわけである．

　私は，この目的のために送ったメールには，Homework という共通のタイトル（件名）をつけ，その後に内容を簡単に書くようにしている．メールリストをソーティングすれば，日付順にリストアップされるので，簡単に探すことができる．

　一般にウェブ・メールと呼ばれるGメール，Yahoo メール，Hotmail などは，ウェブサイトからメールを見られるという利点があるが，SPAM メール[*]の標的になりやすいのが問題である．私は，GメールとYahoo メールを同時に同じユーザーIDで開設したところ，2年後，後者はSPAM メールに占領されたが，Gメールは無事であったという経験をもっている．

　メールに資料を添付するときは，送信する前に，必ず，添付資料を開いて，中身を確認する．重要書類を誤って添付すると，大きな問題となる．

ハードディスク・クラッシュ

　コンピュータで仕事をしていて一番恐ろしいのは，ハー

＊スパム（SPAM）は本来肉の缶詰の商品名で，spiced ham の意味．くず肉を使うところから，ジャンクメールを意味するようになった．

ドディスク・クラッシュによってすべてを失うことである.スイッチを入れても何の反応もしない.書類を書いている途中で突然画面が消えてしまう.

　昔,といっても1990年代,マックを使っていたときには,フリーズが頻繁に起こった.フリーズと同時に,画面いっぱいに爆弾の絵が現れる.ごていねいに,爆弾の導火線には火がついていてすぐにでも爆発しそうである.ただでさえ不安になっているのに,爆弾が現れたらパニックになろうというものである.いたずら好きのマックらしいといえば,確かにそうかもしれないが,あの爆弾のおかげでマックユーザーを相当失ったのではなかろうか.

　フリーズしたら,マニュアルにしたがって回復を試みるのだが,うまくいかない.コンピュータに詳しい人に聞いても分からない.ネットで検索すると,クラッシュしたハードディスクを復元してくれる会社がいくつも掲載されている.足下を見られているせいか,下手をすると新しいコンピュータが買えるくらいの金額を請求される.

　だいたい,コンピュータの寿命は数年,せいぜい5－7年といわれている.寿命が分かっていれば,その前に買い換えるのだが,人間の寿命と同じで,いつお仕舞いになるのか誰にも分からない.まだ大丈夫と思っているうちに,突然ハードディスク・クラッシュに見舞われるというわけである.

バックアップ
　ハードディスク・クラッシュに備えてバックアップを取

っておけばよいが，ファイルを書き換えるたびにバックアップを取るのは大変である．バックアップには，大きく次の3つの方法がある．

①USBメモリー
②外付けハードディスク
③オンライン

それぞれに，一長一短がある．USBメモリーは，上記のように，扱いやすいが，紛失しやすいのが欠点である．外付けハードディスクは，TB（テラベース，10^{12}）レベルの容量が安く買えるようになった．オンラインバックアップは，紛失の心配もないし，火事，地震になっても安全である．「オンラインバックアップ」で検索する．

2．コンピュータで情報を得る

グーテンベルクが印刷機を発明して以来の革命的発明といわれるインターネットを抜きにして，われわれは知的生活を送ることはできない．インターネットは世界中を見えない糸でつなぎ，その情報は，われわれの周囲を飛び回っている．一瞬の間に世界中のURLから数万の情報を探し出してくる．それらをいかに活用するか，その中から本当に必要な情報をどのように選び出すかによって，知的作業の量と質は決まってくる．

コンピュータ時代になり，本屋にも，図書館にも行く必要がなくなった．読みたい本は，新刊でも，絶版になった本でも，Amazonに入力すれば，一瞬のうちに探してくれ

る．中古本も，それなりの値段で注文できる．本は数日のうちに届く．

しかし，それでも本屋には，捨てがたい魅力がある．本棚の間を歩くだけで，知的好奇心は大いに刺激され，読みたい本が目に入り，読んで欲しい本が声をかけてくる．コンピュータ時代になっても，本と本屋は，知的生活にとって，欠かすことができない存在である．

百科事典というと，昭和の時代を思い出す．応接間の壁際，ガラス戸越しの書棚に飾ってあった百科事典が目に浮かぶ．しかし，今，百科事典はコンピュータの中に隠れている．そのいくつかを紹介しよう．

Wikipedia

検索したとき，最初のページに出てくるのがWikipediaである＊．分かりやすくまとまっているので，一番先に参考にすることが多い．これまでの百科事典と異なり，必ずしも専門家が執筆しているわけではないので，信頼性を疑問視する人もいる．しかし，第4章で紹介したキャベンディッシュの実験に関する記述（79−80ページ）は，相当の専門家が書いているのではないかと思われる高度な内容であった．Wikipediaの問題は，善意の利用者が参加して，精度を上げるという編集方針が，「性善説のもつ脆弱性」を

＊Wikiは，ハワイ語で「速い」を意味するwikiwikiに由来する（パソコン用語事典）．

内包していることである．さらに，常時編集できるために，記述の一貫性が保証されていないという問題も残る．

　Wikipediaをそのまま信用しないで，他のURLで確認し，補足する手間を惜しんではならない．引用するときには，Wikipediaによる旨記載する．

Yahoo! 百科事典

　小学館の『日本大百科全書（ニッポニカ）』はYahooから無料で提供されている．ログインの必要もなく，手軽に利用できる．国語辞典，英語辞典にはログインが必要．Yahooの常として，スーパーの折り込みチラシのような広告がうるさい．

ネットで百科@Home

　変な名前だが，わが国のもっとも伝統ある平凡社『世界大百科事典』全35巻の電子版である．3分間無料．1年4800円（2010年現在）．各項目には，執筆者名が記載されている点，Wikipediaよりも安心感がある．

　科学技術論文，データベースなどについては国内外に優れたサイトがある．有料のもの，無料のもの，登録が必要なものなどさまざまである．検索しやすいサイトもあれば，複雑で見にくいサイトもある．

国立情報学研究所

学術情報は，国立情報学研究所（NII, National Institute of Informatics）のホームページの「GeNii（学術コンテンツポータル）」から入るのが一番分かりやすい．

- CiNii（論文情報ナビゲータ）：1300万以上の論文を収録（2010年現在）．論文は検索できるが，PDFは有料．
- Kaken（科研費データベース）：科研費採択テーマとその成果報告が収録されている．
- JAIRO：日本の学術機関リポジトリに蓄積されている学術情報を検索できる．学位論文（5万件），紀要論文，教材などが収録されている．
- NII-REO：海外の電子ジャーナルを検索できる．

国立国会図書館

わが国最大の図書館．国内で出版された本は，法律により，すべて国立国会図書館（National Diet Library）に納本されなければならない．検索サイト（NDL-OPAC）から，雑誌を含めすべての出版物を検索できる．本の貸し出しを受けるには面倒な手続きが必要だし，コピー代も高いという．

理科年表

1925年から刊行されている科学データブック．天文関係だけでなく，科学全般に関するデータ，情報を網羅している．印刷物も従来通り刊行されている（Webより安価）．

Google scholar

ホームページを開くと,「巨人の肩に立つ」(Standing on shoulders of giants) と書いてある. 12世紀のフランスの哲学者シャルトル・ベルナールの言葉で, 学問が多くの研究の蓄積の上に成立していることを意味している (Wikipediaによる). 1991年以降の論文が対象となっている. 他と違うのは, 引用回数が示されることである.

PubMed

アメリカ国立医学図書館のデータベース Medline を基にした医学関係最大の情報ソース. Medline には, 1947年以来の論文1800万以上が収録されている. 検索は容易. もっともよくできたサイトといってよいだろう.

Chemical abstracts

アメリカ化学会が発行する化学分野の抄録誌. 1907年創刊以来の化学物質に関するデータベースである. SciFinder でオンライン検索が可能 (有料). ホームページにはこれまでに同定された化学物質の数が表示されているが, 秒単位で増え続けているのが分かる.

Web of science

トムソン・ロイター社による学術文献データベース. 1万1000を超える学術誌の論文を網羅している. 大学などの機関購入が大部分. 特徴は, 論文一つ一つの引用が分かることである. 自分の論文がどの論文に引用されたか, 総計

何回引用されたかが年ごとに分かる．そのデータを基に，引用度の高さと論文数を示す h-index（114ページ）を計算することができる．

3. コンピュータ整理学

何事であれ，散らかっているよりは，きれいに整理されているほうが気持ちがよい．部屋にはゴミ一つなく，本棚にはきれいに本が並べられ，机の上には不必要な書類は一つも積み重ねられていない．頭の中もきちんと整理され，複雑な物事も単純明快に理解している．そういうふうにありたいものだと，いつも思っている．

しかし，現実には，部屋は散らかり，必要な書類は見つからず，頭の中も混乱している．われわれは，きちんとしなければならない，われわれは整理しなければならない，という強迫観念の中で生きているのだ．

考えてみると，物は散らかるのが自然なのだ．熱力学第二法則の教えるところによると，エネルギーは拡散し，エントロピーは増大し，世界は乱雑な方向に動くのである．整理しようなどと考えるのは，この自然界の大法則に逆らうことであり，それゆえに，大変な努力を強いられることになる．整理法に関する本がたくさん出ているのも，強迫観念のもとに果てしない努力をしている人がたくさんいることの証明である．

捨てるべきか

整理の基本は、分類でも、収納でもない。捨てることである。もし、「捨てるべきか、捨てざるべきか」迷ったら、捨てるほうを取る。その上で、どのように分類し、収納するかを考える。

コンピュータに一度収納されてしまうと、必要のない書類は目に触れないので、捨てないままたまってしまう。何かのときに不必要な書類が目についたら、そのたびに捨てるようにする。まとめて捨てようと思うといつまでも捨てられない。こまめに捨てるようにしたい。

分類すべきか

私が最初に読んだ整理学の本は、(医学部の「生理学」を除くと) 加藤秀俊の『整理学』であった[98]。私の本棚に50年近く「整理整頓」されていた初版 (1963年) を読み直してみた。整理の基本は分類であることが強調されてはいるが、同時に完全な分類など現実には不可能であり、「未整理」という分類が大事だとも述べている。

1993年に発行された野口悠紀雄の『「超」整理法』は、それまでの整理に対する考えを根本的に変えるものであった[99]。「分類するな。時系列で並べよ」が、この本のメッセージである。この本により分類しなければという強迫観念から解放された人が多かったのではなかろうか。

野口式超整理法が薦める「時系列で並べる」の問題点は、時間の記憶が時間とともにあやふやになることである。数ヵ月以内ならまだしも、1年以上前のことになると、去年

か一昨年か，3年前か5年前か記憶は定かでなくなる．その上，わが国の場合，年号（元号）と西暦のダブル・スタンダードのため，記憶の基準となる年が混乱してしまう．

野口式超整理法の「分類するな．時系列で並べよ」は，2008年に出版された『超「超」整理法』では，「分類するな．検索せよ」になった[97]．確かに，最近のコンピュータの検索能力をもってすれば，分類しなくともすぐに必要とする資料に行きつくことができる．

「超」野口式の信奉者である私は，少しの間，分類せずにすべてを時系列で並べる方式を試みようとした．しかし，改めて気がついたのは，われわれには分類方式が身についてしまっていることであった．細かな分類でなくてもよいから，おおざっぱな分類をしておいたほうが楽に探せるのではなかろうか．

紙資料の整理

紙書類の利点の一つは一覧性である．紙面全体を見渡し，必要なところを探すことができる．ページをぱらぱらとめくって，だいたいの印象をつかむ．一覧性という優れた点があるため，紙資料はなくならないのだろう．

会議に出ると，分厚い資料を渡される．郵送されてきたパンフレット，読まなければならない論文のコピー，目を通すつもりでそのままになっている専門誌，などなど机のまわりはいつも紙であふれている．2週間も片付けないでいると，机の上は，紙資料で占領されてしまう．身のまわりでエントロピーは増大しつづけているのだ．

図8-1 半分に切った封筒に書類を入れて，左から時系列で並べる．棚がいっぱいになったら，左端から捨てる．重要な情報は最初から別にファイルしておく．

すぐに捨てられない資料はある期間，手元に置くことになる．私が心がけている（つもりの）紙資料の整理法をご紹介しよう．

①資料は，半分に切った封筒に入れる（官庁方式）．背中に簡単な見出しを書き，左から右に時系列で並べる（図8-1）．不用な書類はこの段階で捨てる．

②分類するときは，大分類．

③棚がいっぱいになったら，左の古いほうから，迷わずに捨てる．

④重要な資料，後で参考にしたい資料は，最初から別にファイルするか，PDF化する．

書類をPDF化する

紙資料は，PDFに変換してコンピュータに収納するのが一番スマートな方法であるが，すべての紙資料をPDF

化するのは時間の無駄である．必要な書類だけを選んで，PDFに変換する．

スキャンニングには，ScanSnap（富士通）が非常に便利である．連続スキャンニング，片面・両面スキャンニング，白紙除去，上下判定など，優れた性能を有する．

最近は，本を宅急便で送るとスキャンしてPDF化してくれる業者がある．しかも，1冊100円という低価格である．PDFにするために本は解体されるので，戻ってくるのはPDFファイルだけである．愛着はないが，資料として残しておきたいような本は，この方法でPDFにして，コンピュータに収納すると，本棚のスペースを空けることができる．「電子書籍化」「本スキャン」などで検索する．

しかし，この方法は，著作権法に抵触する危険性がある．私的利用をする本人が自らコピーをするのであれば，問題はないが，業者に依頼すると，私的利用と見なされず，著作権法に抵触する恐れがあるという．たとえば，この本がPDF化され，ネットで販売されれば，著者である私は，著作権を侵害されたことになる．著作権など周辺法規の整備は，IT技術の進歩に追いついていない．

PDF資料を読む

PDF書類の問題は，読みにくいことである．コンピュータ上で，ページをスクロールしても，どのページに何が書いてあるか，簡単には分からない．しかし，iPadやKindleのような電子書籍を読むための電子機器がそろい，だいぶ情勢が変わってきた．これらを用いると，ヴァーチ

ャルの本棚に並んでいる資料や本を取り出し，紙書類のように読み進むことができる．

コンピュータ上でPDF書類を読むときには，ScanSnapの附属ソフトの「楽²ライブラリ」が便利である（個別でも購入可能）．このソフトを用いると，PDF書類，ワード文書をドラッグするだけでヴァーチャルのKINGファイルにファイルされ，インデックスページにはタイトルが自動的に記入され，見出しページもつけてくれる．読むときには，必要なタイトルをクリックする．編集，拡大，ページめくりなども自由にできる．たくさんの資料，文献を整理し，読むためには，最適のソフトである．

名刺の整理

名刺にとって一番大事なのは，名刺交換という儀式の場である．少なくとも，このときは名刺が主役であった．名刺をもらったら，日付と交換した会議などを名刺にメモしておく．

儀式が終わっても，重要な情報源である名刺をすぐに捨てるわけにもいかない．しかし，もらった名刺は，机の引き出し，鞄の中，手帳の間などに侵入してくる．名刺専門のスキャナーやScanSnapなどで電子化し，コンピュータに取り込んでおくことを薦める．

写真の整理

デジタルカメラで撮った写真の整理も大変である．コンピュータには，研究用，仕事関係に加えて，個人の写真も

たくさん保存されていることであろう．写真整理用のソフトも発売されているが，フリーソフトにも優れたものがある．たとえば，日本人が作成したViX，アップルのPicasaなどである．いずれも，写真がサムネイル表示されるので，分かりやすい．私は，後者を用いている．

デジカメで撮った写真は，行事ごとにまとめて，年月（たとえば，201009）の後に簡単なタイトルを加えて，My pictureに保存する．

デジカメの問題の一つは，撮った写真を印刷することもなく，ましてアルバムに整理することもなく，コンピュータの奥深くしまわれてしまうことである．簡単にアルバムを作るのにはどうしたらよいか．

私は，Picasaにサムネイル表示された画像を，ワードあるいはパワーポイント上にドラッグして貼り付けてアルバムを作っている．パワーポイント上で，写真の位置を選び，拡大縮小，トリミングする．説明の文章を加えてA4判に印刷する．パワーポイントを用いれば，簡単にアルバムを作ることができる．

4. コンピュータ文章術

大江健三郎が原稿を書く様子をテレビで見たことがある．キャンバスのような大きな板の上にB4判ほどの原稿用紙を広げ，万年筆で1字1字マス目を埋めていく．書き直すときには，書き直した紙をていねいにはさみで切り取り，貼り付ける．芸術的であると同時に職人的であったが，コ

ンピュータを使えば，簡単に書き直しができるのにと，大江健三郎より1歳若い私は思った．

明治時代の文豪の原稿を見るたび，美術品と言ってもよいような原稿に感激する．島崎藤村(しまざきとうそん)（1872－1943）の『藤村全集』の扉には，見事なペン書きの原稿が使われていた記憶がある．ワープロで原稿を書くようになった今，後世になって文学館ができたとしても，展示するのは，文豪の愛用したコンピュータとUSBメモリーなどになってしまうかもしれない．味気ない時代になったものである．

味気ないかもしれないが，コンピュータ時代になり，文章を書くのはずいぶん楽になった．それだけではない．文章の書き方そのものが変わってしまったのだ．それは，次の5項目にまとめることができる．

①とりあえず書く．
②思いついたら書く．
③考えながら書く．
④直しながら書く．
⑤捨てながら書く．

とりあえず書く

すべての動力は，初動に大きなエネルギーを要する．「精神エネルギーの放出」（第3章）である文章も，書き始めるときには，相当のエネルギーが必要である．そのエネルギーが不足しているため，執筆が遅れてしまったり，あるいは書くのをあきらめてしまった人が多いのではなかろうか．

コンピュータのよい点は，気楽にどこからでも書き始めることができる点である．書き出しの文章が出てこないのであれば，書きやすいところ，たとえば，実験材料から書き始めればよい（第4章）．ビールを飲みながら，「とりあえず」書き始めればよいのだ．

思いついたら書く

書く作業に入ると，書いた文章が気になったり，書くべきことを突然思いついたりする．そのようなとき，コンピュータのデスクトップにある書きかけのファイルを開いて，思いついた文章を書く．あるいは，メモの形で残しておく．

思いついたときに，思いついた文章をコンピュータに残しておき，後に貼り合わせて完成させることができる．思いついたままに文を書き出し，途中で何回も消し，書き直しながら，一つの文章を完成させればよいのだ．

考えながら書く

丸谷才一は，文章を書くときには，頭の中でその文章が完成されていなければならないとして，次のように言っている[100]．

> ものを書くときには，頭の中でセンテンスの最初から最後のマルのところまでつくれ．つくり終わってから，それを一気に書け．それから，次のセンテンスにかかれ．それを続けて行け．そうすれば早いし，いい文章ができる．

凡人にとっては,「右足が沈む前に左足を出せ. そうすれば, 水の上を歩ける」と言われているような気がする.
　モーツァルトの妻から密かに未発表の楽譜を見せられたサリエリは, どこにも書き直しのない完璧な楽譜を見て, 彼の才能に驚き, 打ちのめされる. オペラ『魔笛』の楽譜を早く仕上げるよう, 劇団の座長から催促されたモーツァルトは,「曲はすでに頭の中で出来ている. 後は書くだけだ」と言うのだが, 信用してもらえない (映画『アマデウス』1984年).
　コンピュータ以前と以後で大きく変わったのは, 一言でいえば,「考えてから書く」から,「考えながら書く」になったことであろう. 書く前に, 頭の中で文章が完成している必要などなくなった. コンピュータにより, モーツァルトならぬわれわれ凡人にも, 気楽に文章が書けるようになった. 文章力も向上したのではなかろうか.

直しながら書く
「考えながら書く」と並ぶ, コンピュータ文章術の利点は, 直しながら書くことができる点である. コンピュータの画面で読み直し, プリントアウトしては読み直し, 大きな書き直しから小さな訂正まで, 簡単にできるようになった. 特に, パラグラフの入れ替えが簡単にできるようになったのは, コンピュータ文章術の利点の一つだ.

捨てながら書く

書き直しているうちに,削除したほうがよい文章,パラグラフなどが出てくるが,いったん書いた文章はなかなか消し難いものである.このようなときは,原稿の最後に,コピー・ペーストしておく.実際には,削除した文章をもう一度復活させることなど,めったにないのだが,残してあると思うと,気軽に捨てることができる.

それにしても,削除した文章はどこに消えるのだろうか.『明日の記憶』の主人公の疑問(本章エピグラフ)は,若年性アルツハイマー病によって,やがて自分の記憶が消えてゆくことを暗示している.[96]

5．3行にまとめた大事なこと4点

好きか嫌いかの問題ではなく,これから知的世界で生きていくためには,コンピュータを使いこなせなければならない.それも1台だけではなく,オフィス,自宅,それに出張用の少なくとも3台は必要であろう.

① **安全対策**

コンピュータには,あらゆるデータが入っている.ハードディスク・クラッシュに備えて,バックアップを取る.ウイルス感染,漏洩対策も完全でなければならない.

② **情報を得る**

あらゆる情報がインターネットで得られるようになった.論文,科学情報のデータベースも整えられている.情報に流されず,情報を使いこなせるようにする.

③ **整理する**

素早く検索できるにしても，ファイルはある程度分類しておいたほうがよい．紙資料はPDF化する．PDF資料，電子書籍を読むビューアーも急速に普及しつつある．

④ **文章を書く**

コンピュータを使えば，思いついたときにとりあえず書き始め，考えながら，直しながら，捨てながら文章を書くことができる．

引用文献,参考文献

1. 水村美苗『日本語が亡びるとき』筑摩書房, 2008
2. 『読売新聞』2010年8月2日
3. 木下是雄『理科系の作文技術』中公新書, 1981
4. 坪井忠二「わかりやすい文章」『科学教育研究』2, 56, 1978
5. 小川洋子「人形とストップウォッチ」(芥川賞選評)『文藝春秋』2010年9月号
6. 渡辺政隆『一粒の柿の種―サイエンスコミュニケーションの広がり』岩波書店, 2008
7. 毎日新聞科学環境部『理系白書―この国を静かに支える人たち』講談社文庫, 2006
8. 鷲田清一「批評と臨床 人文学と社会との距離について」『HUMAN』1巻, 1号52-67, 2011
9. 大谷剛, 松繁寿和, 梅崎修『卒業生の所得とキャリアに関する学部間比較』OSIPP discussion paper, 2003 http://www2.osipp.osaka-u.ac.jp/~matusige/gakubukanhikaku030728.pdf
10. 西村和雄私信, 『日本経済新聞』2010年9月20日
11. 浦坂純子, 西村和雄, 平田純一, 八木匡「数学教育と人的資本蓄積―日本における実証的研究」*J. of Quality Education* 3
12. 西村和雄私信, 『日刊工業新聞』2010年12月17日
13. 志村史夫『文系?理系?―人生を豊かにするヒント』ちくまプリマー新書, 2009
14. 水澤亜紀子「法曹界からの回顧」『艮稜同窓会誌』7号36, 2009
15. 水澤亜紀子「医師と弁護士(または自然科学者と法曹)」『法苑』159, 15, 2010年4月号
16. ドナルド・キーン『日本語のむずかしさ』梅棹忠夫, 永井道雄編『私の外国語』中公新書, 1970
17. 谷崎潤一郎『文章読本』中公文庫, 1975
18. 三島由紀夫『文章読本』中公文庫, 1973
19. 清水幾太郎『論文の書き方』岩波書店, 1959
20. 本多勝一『日本語の作文技術』1976, 『実戦・日本語の作文技術』1994, ともに朝日文庫

21. 金谷武洋『日本語に主語はいらない―百年の誤謬を正す』講談社選書メチエ, 2002
22. 坂部恵『仮面の解釈学』東京大学出版会, 1976
23. ロジャー・パルバース（上杉隼人訳）『英語で読み解く賢治の世界』岩波ジュニア新書, 2008
24. 清水義範『永遠のジャック＆ベティ』講談社文庫, 1991
25. 国立国語研究所『談話語の実態』1955
http://libgw.ninjal.ac.jp/limedio/dlam/B77836/1.pdf
26. 成山重子『日本語の省略がわかる本』明治書院, 2009
27. 野内良三『日本語作文術』中公新書, 2010
28. 角田太作『世界の言語と日本語』くろしお出版, 1991
29. 村上春樹『カンガルー通信』短編集『象の消滅』新潮社, 2005
30. 大江健三郎『あいまいな日本の私』岩波新書, 1995. ノーベル賞受賞講演の英語版は、ノーベル財団のホームページに掲載されている.
31. 桜井邦朋『日本語は本当に「非論理的」か』祥伝社新書, 2009
32. 海堂尊『ブラックペアン1988』講談社文庫, 2009
33. Leggett, A., T., 'Notes on the writing of scientific English for Japanese physicists'『日本物理学会誌』21, 790, 1966
http://wwwsoc.nii.ac.jp/jps/jps/topics/Leggett.pdf
34. シェイクスピア（河合祥一郎訳）『ハムレット新訳』角川文庫, 2003
35. Shakespeare, W., *Hamlet*, Oxford University Press, 1987
36. 黒木登志夫『健康・老化・寿命―人といのちの文化誌』中公新書, 2007
37. 村上春樹『村上春樹ハイブ・リット』アルク, 2008
38. 村上春樹『走ることについて語るときに僕の語ること』文藝春秋, 2007
39. 里中哲彦『英語の質問箱』中公新書, 2010
40. 寺田寅彦,『科学と文学』角川書店, 1948 http://www.bauddha.net/_e-text/-torahiko/torahiko_028_kagakutobungaku.html
41. R. P. ファインマン（大貫昌子訳）『困ります，ファインマンさん』岩波書店, 1988
42. 外山滋比古「パラグラフと段落」『日本経済新聞』2010年11月

14日
43. 司馬遼太郎『坂の上の雲』(一) 文春文庫, 1999
44. 大津栄一郎『英語の感覚』上, 下, 岩波新書, 1993
45. 野口悠紀雄『「超」文章法』中公新書, 2002
46. 米沢富美子『複雑さを科学する』岩波科学ライブラリー27, 1995
47. 藤原正彦「論理と情緒」『學士會報』810号, 104, 1996
48. 夏目漱石『三四郎』新潮文庫, 1948
49. 村松秀『論文捏造』中公新書ラクレ, 2006
50. 吉田直哉『癌細胞はこう語った 私伝・吉田富三』文藝春秋, 1992
51. Wikipedia ; Cavendish experiment http://en.wikipedia.org/wiki/Cavendish_experiment
52. メンデル (岩槻邦男, 須原準平訳)『雑種植物の研究』岩波文庫, 1999
53. Snyder, A., "Ten ways to write a better grand", *The scientist*, 21, 71, 2007
http://www.the-scientist.com/article/home/38046/
54. 菅裕明『切磋琢磨するアメリカの科学者たち』共立出版, 2004
55. http://www.nature.com/news/2009/091118/full/462258a.html
http://www.nature.com/nature/journal/v462/n7272/full/462389a.html
56. 黒木登志夫『読売新聞』2010年1月8日
57. 黒木登志夫『がん遺伝子の発見』中公新書, 1996
58. 村山斉『宇宙は何でできているのか』幻冬舎新書, 2010
59. 井上ひさし『にほん語観察ノート』中公文庫, 2004
60. 村上春樹『1Q84』Book 1 新潮社, 2009
61. 永田和宏『風位』短歌研究社, 2003
62. 黒木登志夫, F. ハンター・藤田『科学者のための英文手紙の書き方』朝倉書店, 1984
63. K. Powell, 'Making the cut.' *Nature* 467, 383, 2010 (*Nature* ダイジェスト『研究助成金の申請は, こうして落とされる』2010年12月
64. http://grants.nih.gov/grants/peer/critiques/rpg.htm

65. J. E. Hirsch, An index to quantify an individual's scientific research output. *Proc. Natl. Acad. Sci.* 102 : 16569, 2005 http://www.ncbi.nlm.nih.gov/pmc/articles/PMC1283832/
66. 古郡廷治『あなたの表現はなぜ伝わらないのか』中公新書, 2011
67. カーマイン・ガロ（井口耕二訳・外村仁解説）『スティーブ・ジョブズ驚異のプレゼン』日経BP社, 2010
68. 黒木登志夫『落下傘学長奮闘記』中公新書ラクレ, 2009
69. 沢木耕太郎「マリーとメアリー」『Story Seller 2』新潮文庫, 2010
70. 東照二私信（原著：Becker, D. : *You've got to be believed to be heard. St. Martin Press*, 2008）
71. 永田和宏『日和』砂子屋書房, 2009
72. *New York Times*（2010年4月17日） http://www.nytimes.com/2010/04/27/world/27powerpoint.html
73. J-P. Nerrière, D. Hon, *Globish the world over*, International Globish Institute, 2009
74. 「英語じゃなくてGlobish」『ニューズウイーク』2010年6月30日号
75. 船橋洋一『あえて英語公用語論』文春新書, 2000
76. 中公新書ラクレ編集部＋鈴木義里編『論争・英語が公用語になる日』中公新書ラクレ, 2002
77. 塩野七生「最近笑えた話」『文藝春秋』2010年11月号
78. 『朝日新聞』2010年9月3日
79. 村上春樹「僕はなぜエルサレムに行ったのか」『文藝春秋』2009年9月号
80. 柄谷行人『トランスクリティーク』岩波現代文庫, 2010
81. 金谷武洋『日本語は亡びない』ちくま新書, 2010
82. *Economist*, 2010年11月20日
83. 外山滋比古『ユーモアのレッスン』中公新書, 2003
84. 『産学人材育成パートナーシップ　グローバル人材育成委員会報告書』2010（元資料は, *IMD World Competitiveness Yearbook*, 2009）

引用文献，参考文献

85. Normile, D., 'Will homebody researchers turn Japan into a scientific backwater?', *Science*, Dec. 23 2010
86. TOEFL の国別得点は，次の URL に出ている. http://www.ets.org/toefl/research/test_score_data_summary
87. 『朝日新聞』2010年4月8日
88. マーク・ピーターセン『日本人が誤解する英語』光文社知恵の森文庫，2010
89. 黒木登志夫『私の外国語体験』日本経済新聞社，1988
90. 藤沢周平『霜の朝』新潮文庫，1987
91. 山浦玄嗣「20年目のウンツェハァー岩手県気仙地方における対否定疑問文応答形式の経時変化」日本方言研究会，第87回研究発表会発表原稿69-76，2008
92. 東京大学教養学部英語部会編著『東大英単 CD ブック』東京大学出版会，2010
93. 市原 A. エリザベス『ライフ・サイエンスにおける英語論文の書き方』共立出版，1982
94. ランガーメール編集部『THE がよく分かる本』共栄図書，1996
95. A. M. Koerner（瀬野悍二訳）『日本人研究者が間違えやすい英語科学論文の正しい書き方』羊土社，2005
96. 荻原浩『明日の記憶』光文社，2004
97. 野口悠紀雄『超「超」整理法』講談社，2008
98. 加藤秀俊『整理学』中公新書，1963
99. 野口悠紀雄『「超」整理法』中公新書，1993
100. 丸谷才一『思考のレッスン』文春文庫，2002
101. 寺山修司『両手いっぱいの言葉』文化出版局，1982

参考文献

日本語に関する本

石黒圭『文章は接続詞で決まる』光文社新書，2008
井上ひさし『私家版日本語文法』新潮文庫，1984
井上ひさし『自家製文章読本』新潮文庫，1987
岩淵悦太郎編著『悪文』日本評論新社，1960

大野晋『日本語練習帳』岩波新書，1999
齋藤孝，斎藤兆史『日本語力と英語力』中公新書ラクレ，2004
斎藤美奈子『文章読本さん江』ちくま文庫，2007
鈴木孝夫『日本語と外国語』岩波書店，1990
チョムスキー，N．（福井直樹，辻子美保子訳）『生成文法の企て』岩波書店，2003
塚本真也『知的な科学・技術文章の徹底演習』コロナ社，2007
中井浩一『日本語論理トレーニング』講談社現代新書，2009
中島利勝，塚本真也『知的な科学・技術文章の書き方』コロナ社，1996
中村明『悪文』ちくま学芸文庫，2007
平川祐弘『日本語は生きのびるか』河出ブックス，2010
丸谷才一『文章読本』中公文庫，1995
水村美苗『日本語で読むということ』筑摩書房，2009
水村美苗『日本語で書くということ』筑摩書房，2009
山田敏弘『国語を教える文法の底力』くろしお出版，2009

英語に関する本
荒木博之『日本語が見えると英語も見える』中公新書，1994
クラッカワー，M．『日本人の英語力』小学館101新書，2009
杉原厚吉『理科系のための英文作法』中公新書，1994
ピーターセン，M．『日本人の英語』岩波新書，1988
ピーターセン，M．『続日本人の英語』岩波新書，1990

その他の本
アンホルト，R．（鈴木炎，リー，I．訳）『理系のための口頭発表術』講談社ブルーバックス，2008
梅棹忠夫『知的生産の技術』岩波新書，1969
梅棹忠夫編『私の知的生産の技術』岩波新書，1988
小笠原喜康『新版大学生のためのレポート・論文術』講談社現代新書，2009
小山龍介『整理HACKS!』東洋経済新報社，2009
林幸秀『理科系冷遇社会』中公新書ラクレ，2010

おわりに

> 人間は言葉と出会ったときから，思想的である．
> 寺山修司[101]

　いささか無謀と思われる試みだったが，知的な文章とプレゼンテーションの本を形にすることができた．この一冊を書きながら，私は，ずいぶん多くのことを学んだ．50年にも及ぶ研究生活で，論文，申請書，解説書などを書きつづけてきた私は，私なりに日本語と英語について問題意識をもってはいたが，深くそして体系的に考えたことなどなかった．それが，この本を書いたおかげで，言語だけではなく，理系と文系の問題，日本人と英語の問題などを広く考えることができた．確かに，寺山修司（1935－1983）がいうように，言葉について考えていると，われわれは思想的になり，物事の本質に思いをはせるようになる．私が，この本を書きながら学んだのは，日本語でも英語でもなく，言葉が内包している思想性だったのかもしれない．

　本の中で，私は，読む人を意識して書かねばならないと述べた．ところが，書き始めてみると，対象を誰に置くべきか，少なからず迷った．学生，それも理系の学生を対象にするのが，一番書きやすいのだが，すでに木下是雄の名著がある[3]．結局，理系，文系を問わず，卒業論文を書くよ

うな学生から審査，評価を担当するような経験を積んだ人までを対象とすることにした．

文章に関して，これまでにたくさんの本が出版されてきた．私の書棚は，今回の執筆のために読んだ本によって相当のスペースが占領された．谷崎潤一郎[17]をはじめとし，文豪たちによって繰り広げられた文章論は，含蓄に富み，読んでいて飽きなかったが，そのままでは知的文章のための文章論にはならない．

一方，清水幾太郎[19]以来，論文を中心とした文章論が何冊も出版されている．特に，理科系に特化した文章論が多い．今回の執筆にあたって，もっとも参考にし，かつ意識したのは，同じ中公新書の2冊，すなわち，木下是雄の『理科系の作文技術[3]』と野口悠紀雄の『「超」文章法[45]』である．いずれも，優れた文章論であり，論文執筆の入門書として広く読まれている．

この2冊には，それぞれ，はっきりとした主張がある．
・木下是雄：事実と意見を明確に区別する．
・野口悠紀雄：メッセージを明確に示す．

それぞれ，知的文章において，もっとも重要な要件であることには，誰にも異論がないであろう．

では，この本の一番のメッセージは何だろうか．それは，
・知的三原則《簡潔・明解・論理的》

である．本書の中で，日本語においても，英語においても，さらにはパワーポイントにおいても，「簡潔，明解な表現と論理展開」が何よりも大事であることは，繰り返し

おわりに

述べたとおりである.

　本書のメッセージにさらに加えるとすれば，次の二つがある.

- 文系，理系は，筋道を立てて考えるという点で，本質的に同じである.
- ネイティブのように英語を話す必要はない．普遍語としての英語，Globish を自信をもって話す.

両方とも，知的作業においては，大事なことである.

　英語の章を書きながら，表面的には英語を使いこなしているように見えても，実は英語に深い恨みを抱いている自分を再発見した．「幸福な奴隷」と思っていたが，やはり，奴隷であることには変わりがない．しかし，これも，英語の世紀となった21世紀を生きるためには仕方がないことなのだ.

　それにしても，文章の書き方の本を書くのには，プレッシャーを感じる．立派なことを書いても，肝心の本人がそのとおりに書けているかどうかが，読むそばからわかってしまうのだ．名文は必要ない．短い文章で，分かりやすく，論理の流れが自然に頭に入るように書けばよい，と書いたのだが，その本人が本当にそのように書いたかどうかは，読者の批判を待たねばなるまい.

　文章の質は評価できないので，自分の文章がどのようなものか，数量的な分析をしてみた．材料は，「第2章　日本語は非論理的か」の218文である（引用文は除く）.

- 一文の長さ：
  平均39.1字（標準偏差18.0）
  文の長さ（字数）の分布を上図に示した．
  （句読点，カッコを含む．英字は半角扱い）
- 最短文，最長文：
  最短文7字．最長文102字．
  最多文，26字
  中央値36字
- 一文中の読点数：
  平均1.9（標準偏差1.3）
  読点は平均13字ごとに一つ
- 主語のある文，ない文：
  主語のある文：66.0%（144／218）
  主語のない文：34.0%（74／218）
- 主語のない文の（隠れている）主語：
  「われわれ」，「私」など，一人称：70.3%
  前文を受けた「それは」：20.3%
  「彼」など三人称：9.5%
- 主語の位置：
  文頭に主語のある文：54.9%（79／144）
  従属節（句）の後に主語のある文：45.1%（65／144）
  - 文の構造：
    単文：32.9%
    複文：60.5%
    重文：6.6%
    （重文中，小さな悪魔的「が」：46.7%）

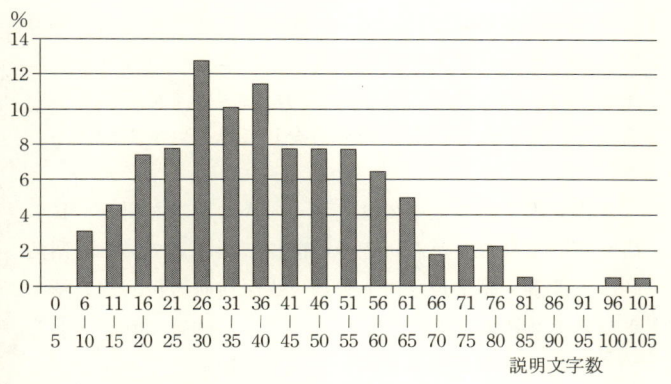

図1 第2章の文の字数分布（%）

- 形容詞節の字数：平均14.6字（標準偏差6.8, 最長32, 最短4）
- 漢字, ひらがな, カタカナ比率：
  漢字：37.9%
  ひらがな：58.0%
  カタカナ：4.5%
  （英数字, 句読点を除く）
- 外来語の使用頻度：
  カタカナ70語中,
  固有名詞（地名, 人名など）：32語（45.7%）
  外来語：38語（54.3%）（24種）
- パラグラフの長さ：
  平均4.4行（標準偏差2.2行）
  最短パラグラフ：1行
  最長パラグラフ：11行

第2章でも書いたが，データを取ってみて，主語のあるなしが，それほど大きな問題ではないことがよく分かった．主語がないため日本語は非論理的だと，いまだに信じている人は，まず自分の文章の解析をしてほしいものである．

本書を書くにあたっては，多くの人の協力を得た．私の研究室の出身で，がん研究の最前線で活躍している許南浩岡山大理事，副学長と村上善則東大医科研教授，木口薫テキサス大教授の3人は，全体を通して，的確にコメントしてくれた．フランシス・ハンター・藤田前イギリスレディング大学講師と村山斉東大数物連携宇宙研究機構拠点長・カリフォルニア大学バークレー校教授は，特に，イギリスとアメリカにおける理系，文系の問題と英語の章についてコメントしてくれた．鷲田清一阪大学長からは哲学から見た主語について，岸本美緒お茶の水大教授（中国史）からは関係代名詞の「ところ」の由来について教えていただいた．岐阜大学地域科学部林正子教授（文学）には，全体をていねいに読んでいただいた．東京大学大学院総合文化研究科の大堀壽夫准教授（言語学）と岐阜大学教育学部山田敏弘准教授（日本語学）は，特に第2章をていねいに読み貴重なコメントをいただいた．また大堀壽夫先生からは，*New York Times* のパワーポイント記事を教えていただいた．元秘書の宍戸紀子さんには，シェイクスピアについて手伝っていただいた．西村和雄京大特任教授からは理系，文系の給与調査について，日本科学技術機構渡辺政隆博士には英語論文投稿についての情報をいただいた．40年来の

おわりに

友人，山浦玄嗣博士（岩手県大船渡市山浦医院院長）からは，ケセン語のはい／いいえの使い方について教えていただいた．日本学術振興会学術システム研究センターの同僚（小林誠所長，勝木元也副所長，村松岐夫副所長，石井紫郎相談役，宮嶌和男審議役）との討論から，審査の心構えについて学んだ．馬場錬成東京理科大学教授と朝日新聞科学医療グループの大岩ゆりさんには，全編を通して読んでいただいた．私の漢字の読み書きが元首相並みであることをよく知っている妻は，私がこのような本を書くのを不安げに見守っていた．

中公新書編集部の佐々木久夫氏は，前2冊に引き続き，今回も担当してくれた．木下是雄『理科系の作文技術』と野口悠紀雄『「超」整理法』を編集した彼のコメントは厳しく，中間段階で大幅な書き直しを命じられた．しかし，そのおかげで，本として引きしまったのは確かである．本書にも書いたように，原稿を厳しく読んでくれる人は，貴重な存在である．

2011年4月　研究生活50年を迎えて

黒木登志夫

追記

本書の再校を渡すべき日に，東日本大震災が起こった．政府，東京電力，原子力保安院など，原子力発電所についての国民に対する説明は，われわれを満足させるようなレ

ベルではなかった．危機管理におけるプレゼンテーションの重要性をあらためて考えさせられた．

読者と著者の交流の場として，Facebook ページ，「黒木登志夫著『知的文章とプレゼンテーション』」を設けました．ご意見をお寄せください．
また，本書専用にメールアドレス（下記）を一定期間開設しています．氏名，身分を明記の上，ご意見をお聞かせください．
intell.doc.presentation@gmail.com

黒木登志夫（くろき・としお）

1960年，東北大学医学部卒業．専門：がん細胞，発がん．
東北大学（現）加齢医学研究所助手，助教授（1961-71），東京大学医科学研究所助教授，教授（1971-96）．
この間，ウィスコンシン大学留学（1969-71），WHO国際がん研究機関（フランス，リヨン市）勤務（1973, 1975-78）．昭和大学教授（1997-2001）．岐阜大学学長（2001-08）．日本癌学会会長（2000）．2008年より，日本学術振興会学術システム研究センター副所長．東京大学名誉教授，岐阜大学名誉教授．

著書『がん細胞の誕生』朝日選書，1983
　　『科学者のための英文手紙の書き方』（共著）朝倉書店，1984
　　『がん遺伝子の発見』中公新書，1996
　　『健康・老化・寿命』中公新書，2007
　　『落下傘学長奮闘記』中公新書ラクレ，2009
　　英文論文300編以上．h-index：54

知的文章とプレゼンテーション | 2011年4月25日発行
中公新書 2109

著　者　黒木登志夫
発行者　浅海　保

本文印刷　三晃印刷
カバー印刷　大熊整美堂
製　　本　小泉製本

発行所　中央公論新社
〒104-8320
東京都中央区京橋 2-8-7
電話　販売 03-3563-1431
　　　編集 03-3563-3668
URL http://www.chuko.co.jp/

定価はカバーに表示してあります．
落丁本・乱丁本はお手数ですが小社販売部宛にお送りください．送料小社負担にてお取り替えいたします．

本書の無断複製（コピー）は著作権法上での例外を除き禁じられています．また，代行業者等に依頼してスキャンやデジタル化することは，たとえ個人や家庭内の利用を目的とする場合でも著作権法違反です．

©2011 Toshio KUROKI
Published by CHUOKORON-SHINSHA, INC.
Printed in Japan　ISBN978-4-12-102109-0 C1240

知的戦略・実用

13	整理学	加藤秀俊
136	発想法	川喜田二郎
210	続・発想法	川喜田二郎
1159	「超」整理法	野口悠紀雄
1222	続「超」整理法・時間編	野口悠紀雄
1482	「超」整理法3	野口悠紀雄
1662	「超」文章法	野口悠紀雄
2098	あなたの表現はなぜ伝わらないのか	古郡廷治
2056	日本語作文術	野内良三
2073	文書術	工藤順一
1718	レポートの作り方	江下雅之
624	理科系の作文技術	木下是雄
1216	理科系のための英文作法	杉原厚吉
1520	会議の技法	吉田新一郎
2109	知的文章とプレゼンテーション	黒木登志夫